DU

COMPTE COURANT.

Imprimerie Lange Lévy et Cᵉ, rue du Croissant, 16.

DU
COMPTE COURANT

PAR

J.-F.-P. NOBLET,

AVOCAT A LA COUR ROYALE DE PARIS.

PARIS

VIDECOQ FILS AINÉ, ÉDITEUR,

LIBRAIRE DU TRIBUNAL DE COMMERCE DE LA SEINE,

1, place du Panthéon.

—

1848
1847

AVERTISSEMENT.

Le compte courant est tellement usité dans le commerce, qu'il y a lieu de s'étonner que jusqu'à présent il n'ait pas encore été, sous le point de vue du droit, l'objet d'un traité spécial. Les auteurs, qui s'en sont occupés, n'en ont parlé que d'une manière secondaire, et, le plus souvent, comme d'un contrat accessoire, relativement aux différentes matières qu'ils traitaient.

Il nous a semblé qu'il ne serait pas sans intérêt de trouver réunis, avec un certain développement, les principes et les règles qui régissent le compte courant considéré d'une manière toute spéciale. Nous y avons été déterminé surtout, en voyant les nombreuses décisions judiciaires qui sont venues, depuis quelques années, sanctionner ou quelquefois contredire les usages du commerce sur la matière.

Puisse ce petit ouvrage offrir quelque utilité à ceux qui voudront bien le consulter !

TABLE DES DIVISIONS DE L'OUVRAGE.

Nota. Les recueils où se trouvent les arrêts sont indiqués, savoir :

1° P. Le *Journal du Palais*, 3e édit. où les arrêts sont rapportés par ordre chronologique jusqu'à 1836 inclusivement;

2° D. Le recueil périodique de M. Dalloz. — Les lettres D. A. indiquent le recueil alphabétique du même.

DU
COMPTE COURANT.

CHAPITRE PREMIER.

NATURE, FORMATION ET PREUVE DU COMPTE COURANT.

SECTION PREMIÈRE.

Origine et caractère du compte courant.

SOMMAIRE.

1. *Définition du compte courant.—Deux espèces.*
2. *Définitions suivant Merlin et M. Pardessus.— But de cet ouvrage.*
3. *Autres dénominations des mots compte courant.*
4. *L'origine du compte courant est due à deux causes.*
5. *Droit de disposer des fonds encaissés, caractère essentiel du compte courant.*
6. *Le contrat de compte courant donne lieu à plusieurs difficultés.*

7. *La loi s'occupe peu et devait peu s'occuper du compte courant.*

8. *Il est principalement réglé par l'usage.*

9. *Toute comptabilité entraînant des versemens et des encaissemens n'est pas compte courant.* — *Exemples.*

10. *Quand même les parties seraient commerçantes;*

11. *Ou qu'elles seraient déjà en compte courant.*

12. *Le compte courant résulte de la nature des opérations et non de la dénomination donnée à l'état de situation;*

13. *Ou de ce que la comptabilité serait établie par débit et crédit.* — *Exception.*

14. *Le compte courant peut avoir lieu entre deux habitans d'une même commune;*

15. *Entre un commerçant et un non-commerçant;*

16. *Et en matière civile.*

17. *Il est réciproque ou simple.*

1^0. — Le compte courant est la situation de deux personnes qui s'engagent à faire des versemens et des encaissemens l'une pour l'autre, sous la condition de régler le tout à une certaine époque, et avec faculté pour chaque partie de disposer à son profit, jusqu'au réglement du compte, des sommes qu'elle aura encaissées pour l'autre.

On donne aussi le nom de *compte courant* à la situation de deux personnes qui se trouvent en général créancière et débitrice l'une de l'autre par suite d'opérations pratiquées réciproquement entre elles ou par l'une seulement pour l'autre.

2. — C'est au compte courant considéré sous ce dernier point de vue qu'on peut jusqu'à un certain point appliquer la définition que Merlin (1) donne du compte courant en général.

On appelle ainsi en termes de commerce, dit-il, l'état que deux négocians qui sont en relations d'affaires tiennent de leur *doit* et *avoir* mutuels; et en termes de banque, le tableau des lettres de change que les négocians et les banquiers tirent les uns sur les autres, et des remises qu'ils se font réciproquement.

On peut également appliquer à cette espèce de compte courant la définition que M. Pardessus donne du compte courant en général. — « On nomme *compte courant,* dit-il, le composé de tout ce que deux correspondans se doivent réciproquement pour les lettres de change, mandats, billets ou autres

____

(1) *Rép.,* v° *Compte courant.*

effets qu'ils tirent l'un sur l'autre, qu'ils se transportent ou qu'ils acquittent à leur réquisition respective; des rentrées qui en sont le résultat; du prix de ventes ou fournitures qu'ils se font à crédit; en un mot, de tout ce qui a pour effet de modifier successivement entre eux les rapports de débit et de crédit. » (*Droit commercial*, n⁰ 475.)

Les définitions des deux savans auteurs ne parlent nullement du droit, pour chaque partie, de disposer à son profit des sommes encaissées, droit qui, comme on le verra, constitue le caractère essentiel du compte courant proprement dit.

Or c'est principalement du compte courant considéré ainsi que nous avons pour but de nous occuper. Cependant nous ne laisserons pas de présenter en leur lieu quelques règles concernant les comptes courans où chaque partie n'a pas la faculté de disposer des fonds encaissés.

3. — La dénomination de compte courant est encore appliquée dans l'usage :

1⁰ A l'état ou tableau dressé pour établir la série des opérations intervenues entre les personnes qui sont en compte courant ;

2⁰ Et quelquefois à la personne même de celui qui a un compte courant ouvert dans une maison de banque ou de commerce.

4. — Le compte courant presque exclusivement employé dans le commerce, dont la devise est *célérité et profit*, est dû à double cause.

La première, c'est d'éviter les inconvéniens et les frais de transport de fonds ou même de négociations de papier. Un banquier de Paris a des fonds à toucher et des paiemens à faire à Marseille. Au lieu de faire passer à Marseille les fonds pour payer et de faire venir à Paris les fonds qu'on lui versera, il charge un banquier de Marseille de recevoir et de payer pour lui, sauf à se tenir compte entre eux plus tard de la différence.

La seconde cause du compte courant, c'est de ne pas laisser des fonds improductifs. — Ainsi, dans l'espèce ci-dessus, il peut y avoir de l'intervalle entre les recettes et les paiemens que le banquier de Marseille fera pour celui de Paris. Il s'ensuivrait que les fonds encaissés dormiraient entre les mains du premier. Il en serait de même, jusqu'au réglement du compte, des fonds qui lui resteraient, s'il avait eu plus à recevoir qu'à payer.

Pour parer à cet inconvénient, le banquier de Marseille est réputé prendre pour son propre compte les valeurs du banquier de Paris à mesure qu'il les encaisse. Ces valeurs fructifient entre ses mains comme entre celles d'un emprunteur ordinaire. —

De plus, pour rendre la position égale, le banquier de Paris est considéré, par rapport au banquier de Marseille, comme emprunteur de toutes les valeurs que ce dernier acquitte pour lui. — Le réglement ultérieur du compte entre les deux banquiers établit en définitive leur position respective, et détermine qui des deux est débiteur de l'autre.

5. —Cette attribution, au profit de celui qui encaisse, du droit de disposer à son profit, jusqu'au reglement du compte, des valeurs encaissées, constitue le caractère essentiel du compte courant.

6. —Ainsi toute l'économie du compte courant se réduit à ceci, que chacune des parties dit ou est censée dire à l'autre : « Les valeurs que vous aurez à recevoir, je les recevrai pour vous, à la charge de vous en tenir compte à une certaine époque jusqu'à laquelle je pourrai disposer à mon profit de ces mêmes valeurs. D'un autre côté, je ferai pour vous les versemens que vous m'ordonnerez de faire, à la charge par vous de m'en tenir compte à la même époque. »

L'exécution d'une convention aussi simple paraîtrait ne devoir pas donner lieu à de grandes difficultés. Mais, pour arriver à la réalisation des valeurs, on a recours le plus souvent à la négociation d'effets de commerce à des échéances plus ou moins éloignées, ou qui ne sont pas toujours payés à leur échéance. Quelquefois encore les parties ajoutent des conventions accessoires, telles par exemple que la négociation d'effets dont la valeur réalisée ne doit pas être à la disposition du correspondant qui l'a encaissée. Il résulte de tout cela une complication de droits et d'obligations qui ne laissent pas de rendre épineuse la solution de certaines questions sur la matière.

7. — La loi ne s'occupe pas du compte courant d'une manière principale ; la raison en est claire, le compte courant n'est pas un contrat simple, mais il se compose de plusieurs autres contrats, savoir : nécessairement du prêt, presque toujours du mandat ou de la commission, de la cession ou du transport, enfin quelquefois du dépôt. Chacun de ces contrats a ses règles spéciales déterminées par la loi ; et ces règles doivent recevoir leur application suivant la nature de chacune des opérations intervenues.

8. — Mais si la loi ne s'occupe pas principalement du compte courant, l'usage supplée à son silence ; il a établi différentes règles que suivent ordinairement les personnes qui sont en compte courant. Telle est par exemple la règle qui fait courir les intérêts de plein droit sur les articles du compte. (V. *infrà* n° 136.)

Lors donc que deux individus se mettent en compte courant, ils sont, à défaut de stipulations contraires, censés s'en rapporter à l'usage pour ce qui devra régler leurs rapports respectifs. D'où il suit que les tribunaux doivent ordonner l'application des règles adoptées par l'usage toutes les fois qu'il n'en doit pas résulter la violation de lois d'ordre public (1).

9. — Nous venons de voir (n° 5) que ce qui constitue le caractère essentiel du compte courant, c'était le droit pour celui qui encaissait de disposer des fonds à son profit. Il suit de là qu'il n'y a pas véritablement compte courant là où ne se trouve pas ce droit de disposer.

Ainsi, bien qu'un régisseur fasse des recettes et des paiemens pour le compte du propriétaire son

______

(1) V. arg. Cass., 17 mars 1824 (P. 3ᵉ éd. à sa date; D, 24. 1. 132); Bordeaux, 4 juill. 1832 (P. 3ᵉ éd. à sa date; D. 33. 2. 19); Liége, 24 avr. 1834 (P. 3ᵉ éd. à sa date); Bourges, 23 mars 1835, rapporté avec Bourges, 2 mars 1836 (P. 3ᵉ éd. à sa date; D. 40. 2. 202); Grenoble, 31 août 1839, rapporté avec Cass., 14 juill. 1840 (P. t. 2 1840, p. 487; D. 40. 1. 186); Cass., 11 janv. 1841 (P. t. 2 1841, p. 144; D. 41. 1. 193); Grenoble, 24 fév. 1841 (P. t. 1ᵉʳ 1842, p. 148; D. 42. 2. 91); Colmar, 11 mai 1842 (P. t. 1ᵉʳ 1843, p. 8; D. 45. 1. 314); Aix, 15 janv. 1844 (P. t. 2 1844, p. 465; D. 44. 2. 198); Colmar, 24 mai 1844 (P. t. 2 1844, p. 471); Paris, 12 nov. 1844 (P. t. 2 1844, p. 517; D. 45. 2. 29); Douai, 5 mars 1845 (P. t. 1ᵉʳ 1845, p. 596).

mandant, du moment que le régisseur n'a pas le droit de disposer à son profit des valeurs à mesure qu'il les encaisse, il n'y a pas compte courant entre les parties.

Il en est de même de la position d'un tuteur vis-à-vis de son mineur.

Il n'y a pas non plus compte courant dans la situation d'un marchand de fers qui a vendu à un maréchal ferrant se fournissant habituellement chez lui, et à qui il remet de temps en temps son compte ou état de situation (1).

10. — Lors même que la qualité des parties ferait présumer la convention de compte courant, cependant ce contrat n'existerait pas si la destination spéciale donnée aux valeurs à toucher excluait l'attribution de propriété au profit de celui qui doit les recevoir. Tel serait le cas où un banquier chargerait un autre banquier de recevoir pour lui différentes sommes et de les employer au paiement de telle ou telle dette (2).

---

(1) Bourges, 16 mai 1845 (P. t. 2 1846, p. 673).

(2) Par arrêt du 18 mai 1825 (P. 3ᵉ éd. à sa date; D. 26. 2. 75), la cour royale de Paris l'a décidé ainsi relativement au compte à établir dans l'espèce suivante : Depuis vingt-deux ans, une maison de Bordeaux faisait pour une maison de Paris des avances pour paiemens de billets en souffrance; et, de son côté,

Tel serait encore le cas où, en autorisant un commissionnaire à vendre les marchandises dont il est dépositaire, le négociant propriétaire de ces marchandises lui écrirait de garder le prix entre ses mains pour acquitter des traites qui seront tirées sur lui.

Dans ces différens cas, il y a lieu à *compte de gestion* ou *de commission;* mais il n'y a pas lieu à compte courant.

11. — Il y a plus : même entre parties qui seraient en compte courant, les règles de ce compte cesseraient d'être applicables, relativement à celles des valeurs dont la propriété ne serait pas transmise à celui qui les recevrait. — V. *infrà* nos 123 et suiv.

12. — La stipulation par les parties qu'elles seront en compte courant et même la dénomination de compte courant qu'elles auraient donnée à leur état de situation ne suffiraient pas pour que les règles de ce compte leur fussent applicables, si aucune des opérations intervenues ne constituait en réalité une opération de compte courant. Tel serait

---

la maison de Paris envoyait successivement à celle de Bordeaux des valeurs pour s'acquitter des avances faites par cette dernière.

le cas où, en chargeant une maison d'encaisser
pour lui différentes valeurs, un négociant assignait
un emploi à tous ces fonds. Il y aurait lieu alors
à compte de commission, mais non pas à compte
courant.

Réciproquement, lors même que les parties n'auraient pas dit qu'elles seront en compte courant, ce
seraient les règles de ce compte qu'il faudrait appliquer si les opérations qui ont eu lieu sont telles
qu'elles n'ont pu être faites qu'en compte courant.

Ainsi, c'est d'après ces règles qu'ont pû être déterminés les rapports d'affaires qui avaient existé entre un notaire et un négociant et qui consistaient,
de la part du notaire, à emprunter en son nom des
fonds pour le négociant et à en avancer lui-même
les intérêts aux prêteurs, et de la part du négociant,
à envoyer des remises au notaire (1).

13. — L'établissement sur les livres respectifs des
parties d'un compte par *débit* et *crédit* et avec
balance ne suffirait pas par lui seul pour faire ré-

---

(1) Arg. Cass., 10 nov. 1818 (P. 3ᵉ éd. à sa date; D. 19. 1. 343).
— La cour royale d'Amiens, par un arrêt dont le pourvoi a été
rejeté le 9 fév. 1836 (P. 3ᵉ éd. à sa date), l'a décidé dans le même
sens relativement au compte à établir pour recettes et débourse-
mens de fonds entre un notaire et une maison dont il était le chargé
d'affaires.

puter les parties en compte courant. Car ces termes de *débit*, de *crédit* et de *balance* sont des termes d'écritures qui sont également employés dans les comptes de gestion ou de commission. Ils ne sauraient donc prouver en faveur du compte courant exclusivement (1).

Cependant il en serait autrement s'il s'y joignait quelque autre circonstance qui ferait supposer entre les parties la convention de compte courant plutôt que de toute autre espèce de compte. Tel serait le cas où il y aurait eu déjà précédemment compte courant entre les parties.

14. — Quoique l'avantage du compte courant se conçoive mieux au premier abord entre deux individus résidant dans des communes différentes, ce mode de situation peut cependant avoir lieu entre deux habitans d'une même commune. Il est souvent même commandé par la différence des opérations auxquelles se livrent les parties.

Il y a plus : les formes simples avec lesquelles

---

(1) *Contrà* Merlin, *Quest. de Droit*, v° *Compte courant;* Douai, 10 mai 1836 (P. 3ᵉ éd. à sa date; D. 36. 2. 159). Cet arrêt ajoute que la balance a été nécessitée par cela que les remises successives de billets n'avaient pas été suivies du paiement immédiat des billets reçus ; mais cela pouvait s'appliquer tout aussi bien à un compte de commission.

la comptabilité est tenue, les résultats rapides qu'on obtient à l'aide de cette simplicité le font souvent employer entre deux négocians qui se livrent aux mêmes opérations. Ainsi, un négociant intéressé dans une maison de commerce se fait quelquefois ouvrir dans cette même maison un compte courant, où il verse les bénéfices que lui a procurés son association.

15. — Les mêmes raisons le font admettre entre deux individus dont un seul est négociant (1).

16. — Il peut également avoir lieu en matière civile et entre deux individus non commerçans (2).

17. — Le compte courant est réciproque ou simple.

Il est réciproque, lorsque les parties font, chacune de son côté, des opérations d'encaissement ou de versement pour le compte de l'autre.

Il est simple, quand ces opérations sont faites par une seule des parties. C'est ce qui arrive fréquemment, par exemple, entre un commissionnaire qui fait des avances et son commettant.—Tel est encore le cas où un banquier est en compte courant avec un individu, par suite d'un crédit ouvert.

---

(1) Cass., 10 nov. 1818 (P. 3ᵉ éd. à sa date ; D. 19. 1. 343).
(2) Cass., 9 fév. 1836 (P. 3ᵉ éd. à sa date).

Cette distinction est importante, comme on le verra, relativement à la capitalisation des intérêts et au droit de commission.

SECTION II.

Élémens du compte courant.

SOMMAIRE.

18. *Les élémens du compte courant se composent de toutes sommes ou valeurs numériques payées ou encaissées;*

19. *Quelle qu'en soit l'origine;*

20. *Et quand même les versemens ou encaissemens en auraient été faits par anticipation.*

21. *Des frais accessoires d'opérations en dehors du compte courant.*

22. *Les titres de créances n'entrent en compte courant que sauf réalisation.*

23. *Exceptions.*

24. *Des objets mobiliers peuvent-ils être donnés en compte courant?*

18. — Les élémens du compte courant consistent dans toute somme ou valeur numérique qui peut être l'objet d'une comptabilité. Ainsi, il est peu d'af-

faires ou de négociations dont le prix ne puisse entrer dans un compte de cette espèce.

19. — Le compte courant se compose des sommes versées ou encaissées par chacune des parties pour l'autre, quelle que soit l'origine de ces sommes. Ainsi, peu importe qu'elles proviennent d'une opération commerciale ou d'une opération civile. L'entrée en compte courant de chaque somme dépend uniquement de la volonté réciproque des parties ; chacune des parties est censée prêter ce que l'autre doit. Dès lors, pourvu qu'il y ait prêt, il n'y a nullement lieu de considérer d'où proviennent les fonds prêtés.

20.—Les sommes payées par une des parties pour l'autre entrent dans le compte courant, quand même les paiemens auraient été faits par anticipation sur les époques d'échéance.

Ainsi, supposons qu'une partie qui a promis son acceptation à une traite tirée sur elle par son correspondant se fasse négocier cette traite au moyen de l'escompte : le montant de la traite doit être porté en compte, au débit du tireur, au jour de la négociation ; de sorte que si ultérieurement, mais avant l'époque d'échéance de la traite, il y a faillite du tiré et par suite clôture du compte, comme les deux qualités de créancier et de débiteur qu'avait le tiré vis-à-vis du tireur se sont éteintes par la confusion, les syndics de la faillite ne peuvent prétendre, à l'époque de l'échéance, agir comme tiers-porteurs en remboursement contre le tireur (1).

21. — On peut porter dans un compte courant les frais accessoires d'une opération qui n'entre pas elle-même dans ce compte (2). Ainsi .quand deux parties sont en compte courant, il y a lieu de faire entrer dans ce compte les frais nécessaires pour l'encaissement et le versement des fonds auxquels une destination spéciale a été donnée par la partie qui a envoyé les valeurs en effets de commerce.

22. — Des titres de créances peuvent être passés en compte courant; mais le plus souvent ils ne sont cédés que sauf réalisation de la somme qu'ils doivent produire; car c'est par cette réalisation seule que la partie aura les fonds dont elle pourra disposer. Alors ce n'est pas le titre, mais la somme à produire qui doit être considérée comme élément du compte.

23. — Cependant quelquefois c'est le titre lui-même qui doit être considéré comme passé en compte

------

(1) Cass., 11 déc. 1832 (P. 3ᵉ éd. à sa date; D. 33. 1. 179).
(2) Arg. Cass., 5 mars 1834 (P. 3ᵉ éd. à sa date; D. 34. 1. 156).

courant. Cela a lieu quand des parties l'une donne et l'autre accepte le titre ou l'action qu'il représente pour une valeur quelconque, soit que la partie qui accepte prenne l'éventualité de la réalisation à ses risques et périls, par exemple, quand il s'agit d'actions de compagnie etc.; soit que les parties considèrent cette réalisation comme assurée, par exemple, s'il s'agit de billets de banque, etc. Dans le premier cas, la somme portée au compte peut être moindre, égale ou plus élevée que celle portée au titre. Dans le second cas, les deux sommes sont égales.

C'est encore le titre lui-même qui est passé en compte courant pour sa valeur nominale, abstraction faite de toute réalisation ultérieure, lorsque l'une des parties porte au débit de l'autre le titre de créance qu'elle a contre elle, tel qu'un jugement de condamnation. Il en est de même encore du titre de créance qu'avait un tiers et dont la partie s'est rendue cessionnaire.

Dans ces différens cas, la passation en compte courant entraînant novation, il peut en résulter aussi novation dans le taux des intérêts et dans la manière de les capitaliser ; il peut y avoir également changement dans l'époque d'exigibilité de la créance.

Cependant le contraire paraîtrait devoir résulter d'un arrêt de la cour royale de Bourges du 3 mai

1844 (1). Cet arrêt décide que le banquier qui a obtenu un jugement de condamnation commerciale avec intérêts à 6 p. 0⧸0 par an contre son débiteur, avec qui il est en compte courant, ne peut faire entrer dans ce compte le montant de cette condamnation pour en capitaliser les intérêts tous les trois mois et percevoir un droit de commission.

Mais c'est là un arrêt d'espèce qui ne détruit nullement le principe. La cour a dû décider ainsi, parce qu'il lui était démontré en fait que la passation en compte courant du montant du jugement de condamnation n'avait pour objet que d'arriver à une capitalisation d'intérêts tous les trois mois et à la perception de droits de commission non dus, c'est à dire de déguiser une véritable perception usuraire. Evidemment elle eût décidé autrement s'il se fût agi d'un jugement de condamnation prononcé entre deux correspondans faisant des opérations de compte courant réciproques, et le montant du jugement de condamnation eût été maintenu comme passé en compte courant avec toutes les conséquences qui devaient en résulter.

24. — Peut-on donner en compte courant des

---

(1) P. t. 2 1845, p. 169; D. 45. 4. 54 et 55.

objets mobiliers autres que des sommes d'argent, des effets de commerce ou autres titres de créances, par exemple, une certaine quantité de grains? Oui. Mais alors ce ne seraient pas les grains, ce serait leur valeur qui entrerait en compte. Cela supposerait d'abord une vente de grains par l'expéditeur à son correspondant moyennant un prix convenu, ou sinon au cours du jour, et ensuite la rétention ou emprunt de ce même prix par l'acheteur; ce qui constituerait alors un article de compte courant, valeur au jour même de l'expédition.

Il ne faut pas confondre ce cas avec celui où, comme nous le verrons plus loin, un expéditeur envoie à son commissionnaire, avec qui il est en compte courant, des marchandises pour les vendre à son profit. Jusqu'à la vente, le commissionnaire n'est que dépositaire; la chose reste aux risques de l'expéditeur; et ce n'est qu'à partir de la vente que le prix des marchandises entre en compte courant.

SECTION III.

Ouverture du compte courant.

SOMMAIRE.

25. *Le compte courant exige le consentement réciproque des parties.*

25. — Comme tous les contrats , le compte courant ne peut avoir lieu que du consentement réciproque des parties. Ce consentement est exprès ou tacite.

26. — Le consentement est exprès, lorsqu'il a été donné de vive voix, ou qu'il résulte d'un acte quelconque ou de la correspondance.

27. — Il est tacite, lorsqu'un fait quelconque ne peut être expliqué qu'en supposant ce consentement donné.

Tel est le cas où, sans répondre à la proposition d'un correspondant qui demande qu'on lui ouvre un compte courant, un négociant lui ouvre en effet ce compte sur ses livres.

Il en est de même encore quand un négociant à qui son correspondant écrit qu'il lui ouvre un compte courant, garde cette lettre sans y répondre. Car, entre négocians qui se constituent ce qu'on appelle en droit les *negotiorum gestores* les uns des autres, le défaut d'improbation du contenu d'une lettre qu'on a reçue en renferme l'approbation implicite (1).

28. — Quand les parties règlent le compte cou-

____

(1) Merlin, *Rép.*, vᵒ *Compte courant*, § 1ᵉʳ.

rant existant entre elles, il y a aussi consentement tacite à ce qu'un nouveau compte courant ait lieu, quand, au lieu d'éteindre le solde résultant de la balance du compte qui vient d'être réglé, les parties le portent à nouveau à leur débit ou à leur crédit et qu'elles continuent entre elles leurs opérations.

29. — Y a-t-il convention tacite de compte courant par cela que deux négocians font des opérations commerciales l'un pour l'autre? Il nous semble que cela dépend des circonstances et principalement de la nature des opérations. Toutefois, comme le compte courant entraîne des droits et obligations plus étendus que les simples contrats de mandat ou de commission, il faudrait, dans le doute, se décider en faveur de ces derniers contrats.

30. — Par la même raison, les parties ne devraient pas être réputées être en compte courant par cela seulement que le résultat de leurs opérations serait présenté sous forme de *débit* et de *crédit*. Car ce mode de comptabilité n'est pas exclusivement employé dans les comptes courans. — V. *suprà* nᵒ 13.

31. — Toutefois le consentement seul ne suffit pas pour qu'il y ait compte courant. Car la convention d'être en compte courant ne constitue pas plus ce compte que la convention de prêter ne constitue

le prêt ; il faut encore qu'il y ait réalisation. Le
compte courant ne commence donc réellement qu'au
moment où il y a remise faite ou bien somme déboursée ou encaissée par l'une des parties pour l'autre.

32. — Il n'est pas nécessaire qu'il y ait remise
faite ou bien somme déboursée ou encaissée des
deux côtés. Le compte courant existe par le fait du
premier article qui y est porté. Car de ce premier
article naissent des droits et obligations réciproques
pour les parties.

Il suit delà qu'un nouveau compte courant qui,
par continuation d'un ancien, s'ouvre par un article de *solde à nouveau* au débit ou au crédit de l'une
des parties, doit être toujours réputé commencé.

33. — Ce que nous venons de dire pour le compte
courant en général, il faut le dire également pour
chaque article en particulier. Aucun article ne peut
être réputé passé en compte courant qu'autant qu'il
y a eu concours de volontés, c'est-à-dire consentement exprès ou tacite des deux parties au sujet de
ce même article. « C'est là un contrat bilatéral qui
n'acquiert son complément que par le consentement
réciproque des parties. » (1)

---

(1) Motif d'un arrêt de Cass., 20 juill. 1846 (P. t. 2 1846, p. 502;
D. 46. 1. 335).

34. — Il suit de là : 1⁰ que, quand celui à qui des remises sont envoyées pour être passées en compte courant se trouve dans l'impossibilité de donner un consentement valable, par exemple, s'il est décédé ou en faillite etc., ces remises ne peuvent être portées en compte courant (1). — V. cependant *infrà*, n⁰ 200.

2⁰ Qu'en cas d'envoi de ces remises au correspondant postérieurement à sa faillite, c'est-à-dire à un moment où il n'avait plus capacité pour consentir à les recevoir, la partie qui les a envoyées a le droit d'en demander la restitution. (2) En pareil cas, il n'y a pas même lieu d'agir par voie de revendication ; car la revendication suppose qu'il y a eu acceptation d'un mandat ou consentement valablement donné.

35. — Si le consentement n'avait été donné que conditionnellement, l'article ne peut être réputé passé en compte courant qu'autant que la condition a été accomplie. (3)

---

(1) Cass., 20 juill. 1846 (P. t. 2 1846, p. 502 ; D. 46. 1. 335).

(2) Paris, 11 juin 1825 (P. 3ᵉ éd. à sa date ; D. 26. 2. 62) ; Cass., 24 juin 1834 (P. 3ᵉ éd. à sa date ; D. 34. 1. 278) ; Cass., 20 juill. 1846 (P. t. 2 1846, p. 502 ; D. 46. 1. 335).

(3) Cass., 20 juill. 1846 (P. t. 2 1846 , p. 502 ; D. 46. 1. 335).

36. — Si le consentement peut n'être que tacite pour l'ouverture du compte courant, à plus forte raison doit-il en être de même pour la passation des articles en compte courant.

La preuve de ce consentement tacite peut, suivant les circonstances, résulter de ce fait seul que l'article se trouve passé dans les écritures du compte (1).

Il y a plus ; chaque partie est présumée avoir donné un consentement tacite à la passation en compte courant de tous les articles qui sont la conséquence des opérations que l'autre partie est chargée de faire pour elle. Elle ne saurait donc être recevable plus tard à contester ces mêmes articles, pour défaut de consentement de sa part.

37. — Enfin le défaut de consentement peut être couvert par la ratification ultérieure de chaque partie. Cette ratification est expresse ou tacite.

Il y a ratification tacite, par exemple, quand l'une des parties ayant dressé le compte et l'ayant envoyé à l'autre partie, celle-ci en accepte le solde soit à son débit, soit à son crédit. Cette acceptation du solde emporte nécessairement acceptation en compte cou-

---

(1) Arg. Bordeaux, 24 août 1834, rapporté avec l'arrêt de rejet du 6 nov. 1832 (P. 3ᵉ éd. à sa date ; D. 33. 1. 42).

rant des articles qui ont servi à le composer, sauf toutefois, comme on le verra *infrà* n⁰ 246, les cas d'erreurs, d'omissions, de faux ou doubles emplois.

38. — Lorsqu'une des parties est créancière de l'autre en vertu d'un titre étranger aux opérations du compte courant, le créancier ou le débiteur peut-il exiger, contre le gré de l'autre, que le montant du titre soit porté en compte courant ? Non. Car celui qui s'y oppose peut avoir intérêt à ce que le titre soit maintenu dans sa teneur et avec ses conséquences. Or, par la passation en compte courant, le titre s'évanouit, la créance se trouve confondue avec les autres dont elle subit le sort. Par suite, l'exigibilité de la dette est changée ; les intérêts peuvent être différens ; enfin le créancier est exposé à perdre les recours et les garanties que le titre pouvait lui donner.—V. cependant *infrà* n⁰ 55.

39. — Tout ce que nous venons de dire relativement à la passation des articles en compte courant s'applique aux contrepassations, c'est-à-dire aux opérations par lesquelles on fait passer des articles du débit au crédit et réciproquement. Ces contrepassations, pour être valables, ont besoin du consentement des deux parties.

40.—Il suit de là : 1⁰ que, jusqu'à ce que l'autre

partie ait accepté la contrepassation, cette contrepassation ne peut être considérée, pour la partie qui l'a faite, que comme une opération de comptabilité qui n'emporte aucune renonciation à ses droits sur la valeur qu'elle a contrepassée (1).

2° Que, tant que l'autre partie n'a pas accepté cette même contrepassation, la partie qui l'a faite est toujours libre de la rétracter (2).

SECTION IV.

Preuves du compte courant.

SOMMAIRE.

41. Preuves du contrat de compte courant.

42. Preuves des opérations individuelles.

43. L'écriture n'est pas essentielle dans l'un et l'autre cas.

44. Aucun mode particulier n'est prescrit pour lés écritures.

45. Cependant il en est un adopté par l'usage ; en quoi il consiste.

46. Ce mode diffère du compte par échelette.

---

(1) Arg. Bourges, 14 fév. 1829 (P. 3ᵉ éd. à sa date ; D. 29. 2. 244).

(2) Arg. Cass., 27 nov. 1827 (P. 3ᵉ éd. à sa date ; D. 28. 1. 32).

41. — Le contrat de compte courant peut être prouvé par tous les modes de preuve établis par la loi, c'est-à-dire, par la preuve littérale, par la preuve testimoniale ou par des présomptions graves, précises et concordantes, quand il s'y joint un commencement de preuve par écrit, ou encore quand il y a dol ou fraudè, ou bien impossibilité de se procurer une preuve écrite; enfin par l'aveu ou par le serment des parties. (C. civ. 1317 et suiv.)

De plus, en matière commerciale, le contrat peut toujours être prouvé par la preuve testimoniale ou par des présomptions.

La preuve littérale comprend toute espèce de preuve par écrit, c'est-à-dire tous actes authentiques ou sous seing-privé. Parmi ces derniers, figurent en première ligne les livres et la correspondance des parties.

42. — Ce que nous venons de dire pour le contrat de compte courant en lui-même s'applique nécessairement à la preuve de chacune des opérations de ce même compte.

43. — Quoiqu'à la rigueur un état de compte courant ne puisse guère se concevoir sans écritures, cependant deux individus pourraient être en compte courant sans qu'il y eût des écritures tenues de part ni d'autre; l'écriture, qui n'est qu'un des modes de preuve, soit du compte, soit des opérations de ce compte, pourrait être remplacée par une autre espèce de preuve. Aussi a-t-il été jugé qu'il avait pu y avoir eu compte courant entre deux parties, bien que l'une d'elles non commerçante ne présentât aucun livre de commerce (1).

44. — Quand les opérations du compte sont constatées par des écritures, aucun mode particulier n'est prescrit pour la tenue de ces mêmes écritures.

45. — Cependant il en est un très simple que l'usage a adopté. C'est pour chaque partie d'inscrire ou de rapporter sous deux colonnes les opérations faites avec son correspondant. Dans la première, ou au *débit* de ce dernier, elle inscrit toutes

____

(1) Cass., 10 nov. 1818 (P. 3ᵉ éd. à sa date; D. 19. 1. 343).

les sommes payées ou à payer pour ce correspondant; dans la deuxième colonne, ou au *crédit*, toutes
les sommes ou valeurs reçues de lui ou pour lui.

De cette manière, on saisit d'un seul coup d'œil
l'ensemble des opérations intervenues entre les deux
parties.

De plus, quand l'époque de la balance ultérieure
du compte est connue, on ajoute à chaque article les
intérêts calculés depuis le jour où ils sont dus jusqu'au jour de la balance. Ces intérêts sont calculés
sur chaque article du débit et du crédit.

Enfin, s'il est dû des droits de commission, on les
ajoute au crédit de celui à qui ils sont dus, ou au
débit de celui qui les doit.

Lorsqu'une partie veut envoyer à l'autre son
compte courant, ou tableau des opérations qui ont
eu lieu entre elles, on additionne séparément les
sommes du débit et celles du crédit; on les balance;
et la différence, s'il y en a une, constitue le *solde* en
faveur de l'une ou de l'autre des parties. Ce solde
prend le nom de *solde à nouveau*, quand il est porté
comme premier article du compte continué après la
balance ou comme premier article d'un nouveau
compte courant (1).

---

(1) Pour ce qui concerne les écritures des comptes courans, on

46. — De cette manière, comme on le voit, le compte courant présente d'un seul jet et comme exigibles à une même époque toutes les sommes qui sont dues par une partie et toutes celles qui lui sont dues. Il ne se fait aucune imputation sur telle ou telle d'entre elles par préférence, par suite des paiemens faits à compte avant le réglement. Il n'y a pas non plus imputation sur les intérêts de préférence aux capitaux.

Le compte courant se trouve ainsi différer du compte par échelette, c'est-à-dire de celui où l'on fait subir aux paiemens successifs les règles d'imputation légale, conformément aux articles 1253 et suivans du code civil.

47. — Bien qu'il n'entre pas dans notre plan de retracer les règles suivies pour la tenue des écritures en matière de compte courant, nous devons cependant faire remarquer que le réglement des mêmes opérations donne une légère différence dans les résultats, selon qu'il est dressé d'après la méthode ordinaire du compte courant, ou suivant la forme du compte par échelette.

---

peut consulter en général tous les ouvrages sur la tenue des livres, et spécialement un petit *Traité pratique des Comptes courans,* par M. Hipp. Vannier, un vol. in-8°, 1844, chez Langlois et Leclercq, libraires à Paris.

Supposons que, d'après des opérations intervenues entre A et B, le second soit débiteur du premier d'une somme de 30,000 fr. Les parties doivent
régler leur compte à six mois de là, et elles se bo-
nifient réciproquement des intérêts de leurs versemens à raison de 6 p. 0/0 par an.

Au bout de deux mois, B verse à A une somme de
6,000 fr. Deux mois plus-tard, autre versement de
6,000 fr. par le même.

Pour la simplification des calculs, nous suppose-
rons l'année composée seulement de trois cent
soixante jours, et chaque mois de trente jours.

48. — D'après la méthode ordinaire employée en
compte courant, A portera :

Au débit de B,

1^0 Capital de 30,000 fr. . . . . . . 30,000 fr.

2^0 Intérêts de cette somme jusqu'au
jour du réglement, c'est-à-dire pendant
six mois. 900

Total. 30,900

Au crédit de B ,

1^0 Premier versement partiel. . . 6,000

2^0 Intérêts de cette somme jusqu'au

A reporter. . 6,000

Report. . . . 6,000 fr.

jour du réglement c'est-à-dire pendant
quatre mois. 120

 3⁰ Second versement partiel. . . 6,000

 4⁰ Intérêts de cette somme pendant
deux mois. 60

          12,180

 Différence entre le débit et le crédit,
ou solde à nouveau au débit de B. . . 18,720

     Total égal. : . 30,900

Ainsi, au bout des six mois, B devra à
A en capital et intérêts. . . . . . 18,720 fr.

 49. — En faisant le même réglement suivant le
mode du compte par échelette, c'est-à-dire avec imputation d'abord sur les intérêts et ensuite sur le
capital, on aura le résultat suivant :

Lors du premier versement
par B, il était dû à A,

 1⁰ Capital. . . . . . . 30,000 fr.

 2⁰ Intérêts sur cette som-
me pendant deux mois. . .   300 fr.

Premier versement fait par

    A reporter. . . 30,000   300

Report. . . . . 30,000 fr.　　300 fr.

B à A de 6,000 fr., lesquels
sont imputables, d'abord sur
les intérêts et ensuite sur le
capital. . . . . 5,700　　300

Reste dû en capital. . . 24,300　　000

Intérêts de cette somme
pendant deux mois, c'est-à-
dire jusqu'au deuxième versement. . . . . . . 　　　243

Second versement fait par
B à A de 6,000 fr., lesquels
sont imputables, d'abord sur
les intérêts et ensuite sur le
capital. . . . . . . 5,757　　243

Reste dû en capital. . . 18,543　　000

Intérêts de cette somme
pendant deux mois, c'est-à-
dire jusqu'au réglement. . 185-43 c.

Ainsi, au bout de six mois,
B devra à A en capital et intérêts. 18,728-43

C'est-à-dire **8 fr. 43 c.** de plus que si le compte avait été dressé d'après la méthode suivie en compte courant.

50. — Cette différence dans les résultats provient de ce que les sommes qui ont servi à amortir les intérêts ont cessé d'en produire depuis le jour de leur imputation jusqu'au jour du réglement.

Ainsi, les **8 fr. 43 c.** se composent:

1^0 De **6 fr.** pour intérêts, pendant **quatre mois**, des **300 fr.** employés au premier amortissement des intérêts ;

2^0 Et de **2 fr. 43 c.** pour intérêts, pendant **deux mois**, des **243 fr.** employés au second amortissement des intérêts.

Au contraire, d'après la méthode du compte courant, aucune somme versée n'étant employée à une imputation, elle produit intérêt, pour la totalité, depuis le jour de son versement jusqu'au jour de la balance ou du réglement.

51. — Mais, en laissant de côté cette différence quant au résultat, on voit combien est simple la forme du compte courant ordinaire comparativement à celle du compte par échelette. Dans le premier, il n'y a qu'une seule balance, tandis que dans le second, comme chaque paiement donne lieu à une imputation, il faut faire autant de balances

que de paiemens. Aussi cette complication de calculs fait-elle préférer souvent la méthode de compte courant, même pour les réglemens de comptes de gestion ou de commission (1).

---

(1) Cependant la méthode du compte par échelette ne laisse pas d'être encore suivie en compte courant sous le nom de *Méthode hambourgeoise*. Cette méthode était propre autrefois aux banquiers hollandais qui, d'ordinaire, exigeaient l'intérêt tant qu'ils étaient créanciers, et n'en prenaient point ou en payaient un moins élevé quand ils étaient débiteurs (E. Vincens, *Législation commerciale*, t. 2, p. 160). — D'après cette méthode, chaque fois que l'un des deux intéressés fait une nouvelle remise, on donne la balance du compte courant, après avoir calculé les intérêts qui reviennent à celui des intéressés qui était créditeur de la balance précédente. V. Hipp. Vannier, *Traité pratique des comptes courans*, p. 76.

CHAPITRE II.

DES EFFETS DU COMPTE COURANT.

52. — Les effets du compte courant peuvent être considérés : 1° relativement aux valeurs qui y entrent ; 2° relativement aux droits et obligations qui en naissent.

C'est ce que nous allons examiner dans les deux sections suivantes.

SECTION PREMIÈRE.

Des effets du compte courant relativement aux valeurs qui y entrent.

SOMMAIRE.

53. *La passation en compte courant emporte novation ;*

54. *Et par suite l'extinction des droits et actions attachés à l'ancien titre.*

55. *Cependant il peut y avoir réserve de ces droits et actions ;*

56. *Mais les réserves doivent être expresses.*

57. *De l'extinction du droit de revendication pour les tiers.*

58. *Toutefois la passation n'a d'effet qu'autant qu'elle a été agréée par l'autre partie.*

53. —Lorsque les parties consentent réciproquement à ce que des valeurs déterminées entrent en compte courant, elles se reconnaissent par là respectivement créancières ou débitrices de ces mêmes valeurs (1). Le compte courant devient le titre qui constate dorénavant la créance de l'une des parties et l'obligation de l'autre.

Il suit de là que, si les parties portent en compte courant des sommes précédemment dues par l'une d'elles à l'autre à un titre quelconque, il y a extinction de l'obligation précédente par l'effet de la novation.

. Ainsi, en cas de vente de marchandises par l'une des parties à l'autre, la passation du prix en compte courant solde la vente.

De même, la passation en compte courant des

---

(1) Sous la condition cependant, en général, de l'encaissement de ces mêmes valeurs, s'il s'agit de remises d'effets de commerce à échoir. V. *infrà* n° 91.

sommes que le mandataire a touchées pour son mandant équivaut à leur restitution (1).

Ainsi encore, entre deux correspondans dont l'un est commissionnaire, la passation en compte courant des droits de commission éteint le droit du commissionnaire au paiement de ces mêmes droits.

Enfin, la passation en compte courant, par un négociant à son agent de change, d'effets de commerce pour couvrir des différences d'opérations de bourse ne permet plus la revendication de ces mêmes effets (2).

54. — L'extinction de l'ancien droit par l'effet de la novation entraîne nécessairement l'extinction de toutes les actions qui étaient attachées à l'exercice de ce même droit.

Ainsi la partie qui a consenti à la passation en compte courant du montant des condamnations prononcées contre elle, n'est plus recevable à interjeter appel du jugement qui a prononcé ces condamnations (3).

Par la même raison, l'autre partie qui a consenti

____

(1) Arg. Cass., 12 mars 1844 (P. t. 2 1844, p. 29 ; D. 44. 1. 237).

(2) Paris, 22 mars 1832 (P. 3e éd. à sa date; D. 32, 2. 67).

(3) Rennes, 27 mai 1835 (P. 3e éd. à sa date).

à la passation en compte courant du montant des condamnations prononcées à son profit, ne pourrait plus exercer des poursuites contre l'autre partie en vertu du jugement qu'elle a obtenu.

55. — Toutefois le montant de ce jugement, ainsi que de tout autre titre, pourrait n'être passé en compte courant qu'avec des réserves et sous condition.

Ainsi, de la part du débiteur, il peut y avoir réserve d'interjeter appel du jugement (1) ; d'où résulte la conséquence qu'en cas d'infirmation, l'article sera rayé de son débit ; et qu'en cas de confirmation, cet article sera maintenu à ce même débit, valeur au jour de la passation.

De la part du créancier, il peut y avoir réserve de faire valoir ultérieurement son titre, en cas de solde du compte en sa faveur ; c'est à dire que le montant du titre ne sera confondu avec les autres sommes de son crédit qu'autant qu'au jour du réglement toutes ces sommes réunies le laisseront débiteur du solde ; mais que, s'il se trouve créditeur de ce même solde, le montant du titre restera en dehors, jusqu'à due concurrence, pour représenter ce solde. De la sorte

______

(1) Arg. Rennes, 27 mai 1835 (P. 3e éd. à sa date).

le débiteur pourra être poursuivi en paiement, non en vertu du compte courant, mais en vertu du titre exécutoire.

56. — Mais de pareilles réserves ont besoin d'être formellement stipulées. Dans l'absence de toute stipulation, et même dans le doute en cas de stipulation, les articles passés et acceptés en compte courant sont présumés l'avoir été purement et simplement, et par suite avoir éteint par la novation tout droit et obligation antérieurs.

57. — Cette acceptation en compte courant éteint même quelquefois un droit d'action qui appartenait aux tiers. C'est ainsi que la passation en compte courant, entre l'acheteur et un consignataire qui est depuis tombé en faillite, du prix des marchandises que celui-ci avait été chargé de vendre, ne permet plus au propriétaire de revendiquer le prix en tout ou en partie entre les mains de l'acheteur. (C. comm., 575, § 2.)

58. — Dans tout ce que nous venons de dire, nous avons supposé que la passation des articles en compte courant avait été acceptée par l'autre partie ; car, ce n'est que par le concours des deux volontés qu'une obligation peut être créée par une personne en faveur d'une autre, ou que cette obligation peut être remplacée par une autre. Dès lors, tant que

des articles passés par une partie dans les écritures du compte courant n'ont pas été agréés par l'autre, ces articles restent ce qu'ils étaient auparavant : pour les uns, il n'y a point novation ; pour les autres, ce ne sont que de simples propositions qui peuvent être rétractées jusqu'à l'acceptation.

SECTION II.

Des effets du compte courant relativement aux droits et obligations qui en naissent.

59. — Le compte courant ne doit à la rigueur être composé que des articles qui lui sont propres; et c'est seulement à l'égard de ces articles qu'il y a lieu d'examiner les effets du contrat.

Mais souvent on comprend dans les écritures des articles qui ne sont pas des articles du compte courant proprement dit. Ces articles ont quelquefois des règles communes avec les articles du compte courant; d'autres fois ils en ont qui leur sont propres.

Nous parlerons donc d'abord des articles du compte courant proprement dit, et ensuite des articles en dehors du compte courant et compris dans les écritures de ce compte.

§ Ier. — Articles du compte courant proprement dit.

60. — Si, comme tous les autres contrats, le contrat de compte courant se forme par le consentement réciproque des parties, il se rapporte à d'autres contrats pour son exécution. Les effets du compte varient donc suivant la nature des contrats intervenus.

Nous allons considérer le compte courant sous le point de vue de chacun des contrats qu'il renferme nécessairement ou accidentellement, c'est-à-dire sous le point de vue : 1⁰ du prêt ; 2⁰ du mandat ou de la commission ; 3⁰ de la cession ou du transport ; 4⁰ du dépôt.

ART. 1er. — Du prêt.

SOMMAIRE.

61. *Le prêt est de l'essence du compte courant.*

62. *Chaque article du débit ou du crédit est considéré comme prêt ou emprunt.*

63. *Conséquences :* 1⁰ *Il n'y a article de compte courant qu'autant qu'il y a réalisation.*

64. 2⁰ *Les sommes prêtées avec droit d'en disposer ne sont point exigibles avant la clôture du compte ;*

65. *D'où il suit que jusque-là il n'y a pas lieu à compensation.*

66. *Décision en sens contraire.*

67. *Réponses aux objections en faveur de la compensation.*

68. *Mais la compensation s'opère au jour de la clôture volontaire ou forcée ;*

69. *Bien qu'il y ait encore des créances éventuelles ;*

70. *Et indépendamment du réglement du compte.*

71. *Il n'y a pas lieu non plus à imputation légale jusqu'à la clôture du compte.*

72. *Examen d'un arrêt de la cour royale de Rouen et d'un arrêt de la cour de Cassation.*

73. *De l'imputation conventionnelle.*

74. *De l'imputation légale en cas de paiemens sur le solde.*

75. *Des saisies-arrêts ou oppositions.*

61. — L'essence du compte courant étant que celle des deux parties qui reçoit des fonds pour l'autre en ait la libre disposition, il s'ensuit qu'il y a un véritable prêt fait par la seconde à la première.

Ainsi, pour toutes les sommes qu'il encaisse, chaque correspondant est emprunteur de l'autre.

D'un autre côté, la partie qui paie pour l'autre, soit à un tiers, soit à cette partie, fait un véritable prêt à celle-ci.

Ainsi, pour toutes les sommes qu'il débourse, chaque correspondant est prêteur de l'autre.

62. — D'où il suit que les articles du débit et du crédit doivent être considérés comme ne constatant en réalité que des prêts ou emprunts successifs que les parties se sont respectivement faits.

63. — Ce principe fondamental, que chaque article du compte courant doit être considéré comme un prêt ou un emprunt, donne lieu à des conséquences très importantes.

En premier lieu, pour qu'il y ait prêt ou emprunt il faut, comme nous l'avons déjà vu (nᵒˢ 31 et 33), qu'il y ait réalisation de valeurs. Le prêt n'est point un contrat purement consensuel ; il n'est parfait que par la tradition de la chose prêtée.

Dès lors, aucun article ne peut être porté en compte courant qu'autant qu'il y a réellement eu encaissement d'un côté ou déboursement de l'autre.

D'où la conséquence que si, au lieu de valeurs réelles, on n'a remis en compte courant que des effets, cette remise n'est censée faite que *sauf encaissement*. — Nous reviendrons *infrà* (nᵒ 91) sur cette proposition.

64. — D'un autre côté, puisqu'il y a pour chaque partie faculté de disposer des sommes qui lui sont prêtées, cette faculté ne peut pas être illusoire. Il faut donc nécessairement qu'il y ait un temps pendant lequel chaque partie usera de son droit; ce temps est l'intervalle qui s'écoulera jusqu'au moment où le compte sera volontairement ou forcément clos entre les parties. Ainsi, jusqu'à cette époque, chaque partie ne peut être contrainte à aucun remboursement ; en d'autres termes, jusqu'au réglement du compte, aucune somme n'est exigible entre les parties.

65. — Cette non-exigibilité des articles portés en compte courant jusqu'au moment de la clôture du compte a pour conséquence inévitable d'empêcher que, jusqu'à cette époque, la compensation puisse avoir lieu entre les sommes touchées de part et d'autre (C. civ., 1291). Aussi plusieurs arrêts se sont ils prononcés dans ce sens (1).

66. — Cependant il a été décidé que les règles de la compensation devaient recevoir leur application en matière de compte courant, attendu qu'au

______

(1) Cass., 6 frim. an XIII (P. 3ᵉ éd. à sa date; D. A. 3. 687); Bordeaux, 3 déc. 1827 (P. 3ᵉ éd. à sa date; D. 30. 2. 173); Douai, 5 mars 1845 (P. t. 1ᵉʳ 1845, p. 596); Arg. Bordeaux, 7 mars 1826 (P. 3ᵉ éd. à sa date).

oun texte de loi ne contenait d'exception à cet égard (1). Mais une pareille décision n'a pu être rendue que par cequ'on a méconnu ce qui composait le compte courant; c'est par la nature même des choses que la compensation n'est pas applicable, puisqu'on n'est pas dans les conditions voulues par la loi. Il n'y a pas besoin de texte de loi pour cela.

67. — Toutefois il est une objection qu'on pourrait tirer des termes de l'art. 575 du code de commerce (loi 28 mai 1838, sur les faillites). Cet article porte que le prix de marchandises consignées au failli pourra être revendiqué quand il n'aura été ni payé, ni réglé en valeurs, ni *compensé en compte courant* entre le failli et l'acheteur. Ne pourrait-on pas conclure de ces expressions que la compensation peut avoir lieu entre les articles du compte courant ?

Mais cette objection n'est que spécieuse.

Le texte de l'ancienne loi (art. 581) portait que ce même prix de marchandises pouvait être revendiqué, s'il n'avait été payé ou *passé en compte courant* entre le failli et l'acheteur. On équivoquait sur ces mots et l'on prétendait que, par cela qu'un prix

---

(1) Rouen, 21 avr. 1838, rapporté avec l'arrêt de rejet sur le pourvoi du 3 avr. 1839 (P. t. 1er 1839, p. 587; D. 39. 1. 199). — V. le même arrêt au sujet de l'imputation *infrà* n° 72.

figurait dans les écritures d'un compte courant, il n'était plus susceptible de revendication. On ne faisait pas attention que la loi n'avait entendu parler que de la passation en compte courant qui avait entraîné novation. On confondait, avec ce cas, celui où une somme n'était passée dans les écritures du compte courant que pour établir la situation respective des parties, mais où la propriété n'était point attribuée au correspondant par suite de l'indication d'une destination spéciale.

Pour faire disparaître ces difficultés, la loi nouvelle a voulu que la revendication fût possible là où il n'y avait eu qu'un simple mandat donné et on remplaça le mot de *passé* par celui de *compensé*. Alors, par compensation on a entendu une véritable dation en paiement (1).

Mais voulût-on conserver au mot *compensation* son acception ordinaire et légale, nous ferons re-

---

(1) C'est dans le même sens que l'art. 446 de la nouvelle loi emploie le mot *compensation*. — Lors de la discussion à la chambre des députés, un député, M. Parès, fit remarquer que le mot *compensation* employé dans l'art. 446 était impropre parce qu'il ne s'entend en général que de la compensation légale, et que cette compensation ne peut avoir lieu qu'à l'égard de *dettes échues ;* mais on répondit que dans ce cas le mot compensation était pris dans le sens de ceux-ci : *dation en paiement ;* et l'article ainsi expliqué fut adopté.

marquer que, de ce que la compensation ne peut avoir lieu en matière de compte courant tant que les sommes ne sont pas exigibles, c'est-à-dire jusqu'à la clôture du compte, il ne s'ensuit pas que la compensation ne doive avoir lieu quand les sommes sont exigibles, c'est-à-dire à la clôture de ce même compte. Or cette clôture a lieu par le fait de la faillite; alors la compensation, qui s'opère de plein droit, met obstacle à l'action en revendication. Les termes de l'art. 575 du code de commerce ne supposent donc nullement que la compensation puisse avoir lieu entre les divers articles du compte courant non clos.

68. — Ainsi la compensation n'a point lieu au moment des remises que les correspondans se font réciproquement. L'un n'est véritablement créancier ou débiteur de l'autre qu'au moment où le compte est clos, soit en vertu de la convention expresse ou tacite, soit par suite de force majeure, telle que faillite ou décès, etc. Alors les sommes dues deviennent respectivement exigibles, et la compensation s'opère d'après les règles du droit commun.

69.—Si des remises avaient été faites sous une condition suspensive non encore arrivée au moment de la clôture du compte, l'exigibilité n'en a pas moins lieu pour les dettes pures et simples; et par suite la compensation s'opère entre elles jusqu'à due concurrence.

Si l'on avait considéré comme exigibles des articles qui n'étaient encore qu'éventuels, leur non-réalisation ultérieure donnerait lieu à répétition, ou bien à une contre-passation dans le cas où les parties auraient, depuis la clôture, continué d'être en compte courant (1).

70. — La compensation s'opère de plein droit au moment même de la clôture du compte, et indépendamment du réglement de ce compte. Le réglement ne donne pas naissance à des droits nouveaux ; il ne fait que liquider et constater un état de choses préexistant.

71. — De ce que les articles du compte courant sont réputés des prêts que les parties se font réciproquement et qui ne deviennent exigibles qu'au jour de la clôture, il suit encore que les règles du droit civil sur l'imputation légale des paiemens ne peuvent point recevoir leur application en cette matière. En effet, comment concevoir une imputation sur une dette qui non seulement n'est pas exigible, mais qui pourra même ne pas exister au jour de l'exigibilité ?

____

(1) Douai, 5 mars 1845 (P. t. 1ᵉʳ 1845, p. 596).

Les articles du débit et du crédit qui forment les élémens du compte courant, dit la cour royale de Bordeaux, s'assimilent entre eux sans distinction d'origine, pour ne constituer qu'une seule convention soumise à la même voie d'exécution ; de telle sorte que c'est le solde définitif qui résume et fixe la situation des parties entre elles. On ne peut donc extraire du compte général un ou plusieurs articles pour y appliquer les remises que le débiteur aurait faites sans spécialité d'affectation (1).

72. — Cependant cette décision paraîtrait être en opposition avec un arrêt de la cour royale de Rouen du 21 mai 1838, sur lequel il y a eu rejet du pourvoi le 3 avril 1839 (2). Mais cette opposition n'est qu'apparente. Ces deux arrêts sont parfaitement rendus en fait ; et si, en droit, l'arrêt de la cour royale de Rouen paraît devoir conduire à une conclusion contraire à ce que nous venons de voir relativement à l'imputation de paiement, c'est qu'on ne s'est pas bien rendu compte des principes du compte courant. Par l'application de ces principes, la cour eût été amenée au même résultat, tout en

---

(1) Bordeaux, 8 avr. 1842 (P. t. 1er 1844, p. 27; D. 43. 2. 120).
(2) V. P. t. 1er 1839, p. 587; D. 39. 1. 199.

respectant également les règles générales du droit sur l'imputation des paiemens.

Voici au surplus l'espèce :

Le sieur Demiannay, banquier, commun en biens avec sa femme, était en compte courant avec les sieurs Darcel et autres. Le 21 septembre 1826, la dame Demiannay décède laissant trois enfans mineurs; ce décès ne fut suivi ni d'inventaire ni de partage de communauté.

A l'époque du décès de la dame Demiannay, le remises reçues par Demiannay excédaient de beaucoup cellesqu'il avait faites, et la balance des comptes constituait les sieurs Darcel et autres créanciers pour des sommes considérables. Depuis le décès, les affaires de comptes courans continuèrent comme par le passé ; le sieur Demiannay faisait des remises, mais sans les appliquer à couvrir telle dette plutôt que telle autre. Des balances de compte avaient lieu périodiquement, et le solde toujours en faveur des sieurs Darcel et autres, quoique variant dans son chiffre, était reporté d'un compte à l'autre.

Aucun de ces comptes ne fut arrêté entre les parties.

En 1830, faillite de Demiannay. Le subrogé tuteur des mineurs assigne les syndics en liquidation de la communauté. Ceux-ci présentent un compte dans lequel ils comprennent au passif de la communauté une somme déterminée pour les créances résultant de.la balance des comptes courans à l'époque du décès de la dame Demiannay. Alors intervention des sieurs Darcel et autres, créanciers par comptes courans, qui demandent à être reconnus créanciers des mineurs pour les sommes que leur devait la communauté.

Jugement du tribunal de Rouen, puis arrêt de la cour royale de la même ville, qui repoussent la demande des intervenans par ces motifs principaux : que, depuis la dissolution de la communauté, les appelans ont continué d'être en compte courant avec Demiannay ; que, pour les uns, les remises ultérieurement faites.par Demiannay (abstraction des versemens par eux faits depuis cette époque) ont absorbé le montant intégral de leurs créances telles qu'elles existaient à la dissolution de la communauté ; que, pour les autres, les remises à eux faites (abstraction également de leurs versemens) ont absorbé plus que la moitié de leur avoir de 1826 ; qu'à défaut de stipulation expresse, les remises faites par Demiannay doivent s'imputer sur la dette qu'il a le plus d'intérêt d'acquitter ; qu'à raison de l'hypothèque légale dont il était tenu, Demiannay avait plus d'intérêt à libérer ses enfans de leur part contributive dans les dettes de la société d'acquêts qu'à acquitter ses propres obligations ; que, nanti de l'actif de la communauté, sa qualité de tuteur le mettait dans la nécessité de satisfaire aux engagemens que la loi faisait peser sur ses enfans mineurs, et que l'inexécution de ces mêmes engagemens, en compromettant sa responsabilité, aurait eu pour conséquence d'aggraver à son égard les effets de l'hypothèque légale ; que d'ailleurs *les créances existantes à la dissolution de la communauté étant plus anciennes que les versemens faits depuis en compte courant par les appelans, elles doivent avant tout subir ce mode d'imputation* ou compensation indiqué par la loi à défaut de stipulation ; qu'en matière de compensation ou d'imputation, le compte courant n'est point assujéti à des règles particulières et exceptionnelles ; mais qu'il reste soumis à l'application des principes généraux du droit civil ; d'où il suit que l'imputation a dû s'opérer sur la dette que Demiannay avait le plus intérêt à acquitter et qui en même temps se trouvait la plus ancienne ; qu'ainsi les appelans ayant perdu les droits particuliers qu'ils avaient vis-à-vis les mineurs, sont restés seulement créanciers de Demiannay, etc.

Nous allons essayer de démontrer que la cour royale de Rouen ne s'est pas bien rendu raison des principes du compte courant, et que par l'application de ces principes elle eût été amenée au même résultat, c'est-à-dire à reconnaître la libération des enfans Demiannay. Après quoi, nous aurons lieu de faire remarquer que l'arrêt de la cour de Cassation aurait pu, dans ce cas, rester textuellement tel qu'il est.

D'abord, une chose importante à remarquer dans la cause et dont la cour royale ne parle point, c'est qu'il y avait deux espèces de comptes courans différens : les premiers, entre la communauté Demiannay et Darcel et autres ; et les seconds, entre Demiannay seul et Darcel et autres.

Les premiers, ceux d'entre la communauté Demiannay et Darcel, ont été clos forcément par le décès de la dame Demiannay arrivé le 21 septembre 1826. Alors, de variable qu'elle était, la situation des parties a été irrévocablement fixée. Le solde débiteur, abstraction faite de la liquidation ultérieure, était à la charge de la communauté Demiannay, par conséquent moitié pour Demiannay et moitié pour ses mineurs. Par le fait de la clôture forcée, ce solde était dès ce moment exigible.

Les comptes courans de la deuxième espèce, ceux d'entre Demiannay seul et Darcel et autres, n'étaient pas la continuation des premiers, car il n'y avait plus les mêmes personnes ; c'étaient des comptes courans nouveaux, comprenant toutes les opérations faites depuis le décès de la dame Demiannay.

Ces seconds comptes courans n'ont été clos qu'en 1830 par la faillite de Demiannay. Alors seulement sont devenues exigibles les différentes valeurs portées au débit et au crédit ; et les balances périodiques de ces comptes n'avaient fait que proroger seulement cette même exigibilité. (V. *infrà* n⁰ 182.)

De plus, il est à remarquer que, d'après les principes du compte courant, les remises faites par Demiannay étaient réputées de véritables prêts faits à Darcel et autres qui en avaient la disposition jusqu'au jour de la clôture, de même que les versemens faits à Demiannay étaient reputés de véritables emprunts de valeurs dont il avait la disposition jusqu'à la même époque.

Dans cet état de choses, quelle a dû être la destination des remises faites par Demiannay de 1826 à 1830, sans stipulation d'aucune imputation particulière?

Evidemment d'acquitter une dette plutôt que de faire un prêt ; savoir, d'acquitter le solde alors exigible des comptes courans de la communauté Demiannay avec Darcel et autres, plutôt que de se faire créditer pour une même somme dans les seconds comptes courans. Ce n'était point, ainsi que le dit l'arrêt de la cour royale, entre deux dettes échues, dont l'une plus ancienne que l'autre, que Demiannay avait à choisir ; car les versemens faits par Darcel et autres à Demiannay depuis le 21 septembre 1826 ne constituaient point des dettes échues. L'exigibilité ne devait avoir lieu qu'au jour de la clôture du compte, et jusque-là même il était incertain si, par suite de la balance des opérations ultérieures, il y aurait ou non dette pour Demiannay.

Ainsi l'imputation de paiement avait eu lieu, non pas sur la plus ancienne de deux dettes échues, mais sur la seule dette qui fût alors échue.

Ce mode d'imputation a dû s'appliquer à tous les les comptes courans indistinctement.

Quant aux créanciers qui n'avaient pas reçu de Demiannay, depuis le 21 septembre 1826, des remises suffisantes pour les couvrir du solde des comptes courans avec la communauté Demiannay, l'imputation, ce nous semble, devait être faite sur la dette des enfans plutôt que sur celle du père, mais par un autre motif que celui donné par la cour royale de Rouen.

Le solde en faveur des créanciers de la communauté Demiannay que le décès de la dame Demiannay avait rendu exigible était dû moitié par Demiannay et moitié par ses enfans. Or, l'état de compte courant avait continué entre Demiannay et ses créanciers ; il s'en est suivi que les sommes par lui dues ont été portées aux débits de ces nouveaux comptes ; et ces mêmes sommes, en supposant toutefois qu'elles n'aient pas été confondues dans les opérations ultérieures, ne sont plus devenues exigibles qu'à la clôture des nouveaux comptes, lors de la faillite Demiannay.

D'où il suit qu'en faisant des remises dans l'intervalle entre la clôture des premiers comptes et la clôture des seconds, les sommes ont dû s'imputer sur les dettes alors exigibles, c'est-à-dire sur les soldes dus par les enfans Demiannay, plutôt que sur des dettes qui avaient cessé d'être exigibles et qui pouvaient même être anéanties plus tard, c'est-à-dire sur les soldes dus par Demiannay personnellement.

Ainsi, dans ce cas encore, l'imputation ne devait pas se faire sur les dettes les plus onéreuses, mais sur celles qui étaient seules exigibles.

Nous dirons donc nous-même, avec la cour royale de Rouen, qu'en matière de compensation ou d'imputation le compte courant n'est point assujéti à des règles particulières et exceptionnelles, et qu'il reste soumis à l'application des principes généraux du droit civil ; mais nous ajouterons que, pour appliquer les règles de la compensation ou de l'imputation, il faut bien voir avant tout, ce qu'on perd souvent de vue dans les comptes courans, s'il y a lieu ou non à compensation ou à imputation.

Nous terminerons en faisant remarquer que, si la cour royale eût admis les imputations par les motifs que nous proposons plutôt que par ceux qu'elle a donnés, l'arrêt dé cassation eût pu rester le même :

« Attendu, porte en effet cet arrêt, que l'arrêt attaqué constate en fait que, postérieurement à la dissolution de la communauté, les demandeurs ont continué d'être en compte courant avec Demiannay ; que la plupart d'entre eux ont, depuis le 21 septembre 1826 (en faisant abstraction des versemens par eux faits à partir de cette époque), reçu de Demiannay des remises qui absorbent le montant intégral de leurs créances telles qu'elles existaient à la dissolution de la communauté ; que les autres ont reçu de la même manière des valeurs qui (abstraction faite des versemens depuis la dissolution de la communauté) absorbent plus que la moitié de leur avoir de 1826 ;

» Attendu qu'en tirant de ces faits la conséquence en droit que les comptes courans des demandeurs étaient soumis aux règles d'imputation de paiement et de compensation prescrites en matière civile, et que les paiemens ou valeurs provenant de Demiannay, postérieurement au décès de sa femme, avaient eu pour objet de libérer la communauté jusqu'à due concurrence, ledit arrêt n'a violé aucun des textes invoqués... Rejette. »

73. — Tout ce que nous venons de dire n'est au surplus applicable qu'autant qu'il s'agit de l'imputation légale de paiement. S'il avait été convenu que telle remise, faite par l'une des parties, servirait à éteindre tel article de son débit, cette convention d'imputation devrait recevoir son exécution : mais alors ni l'une ni l'autre de ces valeurs ne devrait être considérée comme entrée dans le compte courant proprement dit.

74. — D'un autre côté, les règles sur l'imputation légale de paiement doivent recevoir leur application toutes les fois que cette application est possible, c'est-à-dire lorsque, de variable et éventuelle qu'elle était, la dette devient fixe et exigible au profit de l'une des parties. C'est ce qui a lieu pour le solde du compte définitivement arrêté. Les paiemens, faits depuis par l'autre partie, doivent être imputés conformément aux dispositions du Code civil. Ainsi, les sommes versées doivent être impu-

tées d'abord sur les intérêts, et subsidiairement sur le capital (1).

Si le solde était porté dans un nouveau compte courant, comme la dette cesserait d'être exigible et serait soumise aux éventualités de ce nouveau compte, l'imputation ne serait plus possible (2).

75. — De ce que les sommes portées en compte courant ne sont exigibles qu'à la clôture du compte et que, jusqu'à cette clôture, on ne peut savoir qui sera en définitive créancier ou débiteur, il suit encore que les créanciers de l'une ou de l'autre des parties ne sauraient, au moyen de saisies-arrêts ou oppositions, se faire attribuer aucune des sommes qu'ils prétendraient appartenir à leur débiteur. A cet égard la loi du 24 germinal an XI contient une disposition expresse relativement aux sommes en compte courant dans les banques autorisées (3).

Les saisies-arrêts formées ne seraient pas pour cela nulles ; mais elles ne pourraient produire leur effet que sur le solde du compte, si, lors de la clôture,

---

(1) Cass., 19 mai 1846 (V. *Droit* des 22 et 23 mai 1846, n° 123).

(2) Arg. même arrêt.

(3) L'art. 33 de cette loi porte : « Aucune opposition ne sera admise sur les sommes en compte courant dans les banques autorisées. »

ce solde se trouve exister en faveur de leur débiteur.

Art. 2. — Du mandat ou de la commission.

SOMMAIRE.

76. *Le mandat n'est point essentiel dans le compte courant.*

77. *Il en est de même de la commission.*

78. *La commission est plutôt présumée que le mandat.*

79. *Obligations du mandataire ou commissionnaire.*

80. *Modifications de ces obligations.*

81. *Responsabilité du mandataire ou commissionnaire.*

82. *Ses droits.*

76. — Le mandat se rencontre presque toujours dans le compte courant. Mais, à la différence du prêt, il n'est pas essentiel à ce contrat. En effet, on peut à la rigueur supposer de part et d'autre des opérations d'encaissement et de versement, sans qu'elles soient le résultat de l'exécution d'un mandat.

77. — Ce que nous disons du mandat en général

s'applique à l'espèce particulière de mandat appelé *commission*. Car si, d'après ce dernier contrat, le commissionnaire est personnellement engagé envers les tiers, les droits et obligations des parties entre elles sont réglés en général par les principes du mandat ordinaire.

78. — Cependant, dans tous les cas où une partie agit au nom de l'autre, il y a présomption qu'elle agit plutôt comme commissionnaire que comme mandataire simple. En effet, presque toujours elle se trouve obligée personnellement envers les tiers, ce qui n'aurait pas lieu dans le mandat simple. Ensuite, d'après l'usage, elle est indemnisée du temps et des soins qu'elle donne à l'affaire de l'autre partie, indemnité qui repousse la convention d'un mandat simple, lequel ordinairement est purement gratuit.

79. — Quand une partie agit comme mandataire ou commissionnaire de l'autre, elle est tenue de toutes les obligations que lui impose cette qualité.

Ainsi, relativement aux encaissemens à opérer, elle est tenue de faire les démarches commandées par l'usage pour arriver au paiement. Elle doit, en cas de non-paiement, faire tous les actes nécessaires pour conserver le recours de son mandant, etc.

Relativement aux versemens à faire , elle doit exiger que l'individu à qui elle verse des fonds justifie de ses droits, qu'il donne un reçu des sommes qu'il touche, etc.

80. — Toutefois les obligations de chaque partie peuvent, comme celles de tout mandant ou commissionnaire en général, être modifiées par des conventions particulières.

Ainsi, le correspondant peut stipuler qu'il ne sera pas garant des diligences à faire sur tel ou tel pays, si les effets remis n'avaient pas, à leur arrivée, tel ou tel nombre de jours à courir ; ou encore si ces effets étaient payables en pays étranger, ou dans des localités sans bureau de poste , etc.

81. — La partie qui n'a pas rempli ses obligations ou qui, par sa faute, a compromis les intérêts de son mandant ou commettant, peut être condamnée envers lui à des dommages-intérêts. (C. civ. 1991 et 1992.)

Mais il n'en serait plus de même si la faute pouvait être imputée au mandant lui-même. Ainsi jugé qu'un banquier, chargé par son correspondant d'un effet pour le négocier et qui l'a gardé sur l'ordre de ce correspondant de suspendre la négociation, n'est pas responsable des faits de force majeure arrivés pendant cet intervalle et qui ont occasionné la perte de cet effet ou la diminution de sa valeur (1).

82. — Cette même qualité de mandataire ou de commissionnaire donne à la partie le droit d'exiger de son correspondant le remboursement de toutes les avances qu'elle a faites pour lui. Ainsi, elle peut répéter contre lui les frais de protêt, d'assignation, etc., les ports de pièces, le coût du timbre, etc.

Elle peut aussi réclamer un droit de commission. (V. *infrà* n°° 161 et suiv.)

Art. 3. — De la cession ou du transport.

SOMMAIRE.

83. *Quand il y a cession.*

84. *La cession n'est point essentielle dans le compte courant.*

85. *Quels titres elle peut avoir pour objet.*

86. *Formes de la cession.*

87. *Effets de la cession.*

88. *De la stipulation* sauf rentrée *ou* sauf encaissement.

89. *Preuves de la stipulation de* sauf encaissement.

---

(1) Paris, 10 juill. 1842 (P. 3ᵉ éd. à sa date).

105. *Droits et obligations du cessionnaire sauf encaissement.*

106. *Il peut négocier les effets à ses risques et périls.*

107. *Il n'en est débité qu'éventuellement par le cédant ; conséquence en cas de faillite de celui-ci.*

108. *Effets du paiement à l'échéance.*

109. *Obligations du cessionnaire en cas de non-paiement.*

110. *Quid, s'il garde les effets au lieu de les renvoyer à son cédant ? Distinction.*

111. *A l'égard des débiteurs, il est toujours réputé propriétaire.*

112. *A l'égard du cédant, il peut être ou non considéré comme cessionnaire pur et simple.*

113. *Quid, s'il garde le silence ? 1⁰ Cas où le cédant est en faillite.*

114. *2⁰ Du défaut de poursuites.*

115. *3⁰ De la contr.—passation.*

116. *Droits et obligations du cessionnaire pur et simple.*

83. — Il y a cession ou transport, dans le compte courant, quand l'une des parties transmet à l'autre la propriété de titres, à l'effet par celle-ci de dispo-

ser des sommes qu'elle recouvrera au moyen de ces titres.

84. — La cession a lieu le plus ordinairement dans les comptes courans. Cependant elle n'est pas essentielle au contrat, et il pourrait fort bien exister sans elle.

85. — La cession peut avoir pour objet toute espèce de titres tels que contrats, factures, etc. Mais le plus ordinairement ce sont des effets de commerce.

86. — Pour que la transmission de propriété ait lieu, la cession doit être faite suivant la forme prescrite d'après la nature de chaque titre.

Cependant, en laissant de côté les formalités prescrites dans l'intérêt des tiers et de l'inobservation desquelles ceux-ci pourraient seuls se plaindre, on peut dire qu'un simple endossement suffit à l'égard de toute espèce de titres pour en transmettre la propriété d'une partie à l'autre, en ce qui concerne les opérations de compte courant. Cet endossement est ordinairement causé *valeur en compte.*

87. — La transmission de toute espèce de titres et particulièrement des effets de commerce saisit-elle le cessionnaire d'une manière absolue, de sorte que la créance est dorénavant à ses risques et périls? Au contraire cette transmission n'a-t-elle lieu que sous la condition que le montant de la créance sera touché à l'échéance, ou en d'autres termes *sauf encaissement?* C'est là une des questions les plus agitées en matière de compte courant et qui demande quelque développement.

88. — Lorsqu'en acceptant la remise des titres le cessionnaire a déclaré formellement qu'il ne les prenait que *sauf rentrée* ou *sauf encaissement*, il n'y a pas de difficulté possible. Le cédant ou ses ayant-cause doivent subir la loi qu'il a acceptée (1).

89. — La preuve que la cession n'a été acceptée que sauf encaissement n'a pas besoin d'être établie à l'égard des tiers. Ainsi il est inutile que le titre de négociation porte les mots de *sauf encaissement* ou leur équivalent. Une pareille mention ne sert à rien pour la transmission de propriété, et cependant elle pourrait jeter quelque défaveur sur le crédit commercial du débiteur.

Cette preuve n'a besoin d'être faite qu'à l'égard des parties elles-mêmes ou de leurs créanciers. Elle peut donc résulter de tout acte de nature à établir que le cédant a eu connaissance de la condition apposée par le cessionnaire à son acceptation. Tels

---

(1) Cass., 4 juill. 1843 (P. t. 2 1843, p. 445; D. 43. 1. 461).

seraient la correspondance, des accusés de réception, etc., où il en serait fait mention.

90. — Il nous semble qu'il y a encore reconnais-
sance, de la part du cédant, que la transmission des
effets n'a eu lieu que sauf encaissement, dans cette
circonstance qu'il n'a, dans ses écritures, calculé les
intérêts qu'à partir du jour de l'échéance. En effet,
si la cession eût été pure et simple et aux risques et
périls du cessionnaire, le cédant aurait dû se boni-
fier des intérêts à partir du jour où il avait été définitivement dessaisi. Mais ne débiter le cessionnaire
des intérêts qu'à compter de l'échéance, c'est reconnaître que le cessionnaire n'est ainsi débité que parce
qu'il touchera à cette époque le capital ; d'où la
conséquence que, s'il ne touche pas le capital, il ne
ne devra pas être débité des intérêts, ou, en d'autres termes, que les effets ne lui ont été transmis que
sous la condition d'encaissement.

91. — Mais, dans l'absence même de toute convention expresse ou tacite à cet égard, nous disons
que, d'après la nature des choses, toute cession d'effets en compte courant est, par cela même et à
moins de stipulation contraire, faite sous la condition que l'encaissement s'en fera à l'échéance. En
effet, puisque tout article de compte courant est un
prêt d'un côté ou un emprunt de l'autre, il ne peut

y avoir prêt ou emprunt qu'autant qu'il y a réalisation d'espèces. La cession d'un effet de commerce
non échu n'est qu'une promesse de prêt de la part
du cédant ; si l'effet n'est pas payé à l'échéance, le
prêt n'est pas possible, et il ne serait pas juste que le
cessionnaire fût obligé de tenir compte d'une somme
qu'il n'aurait pas reçue. La cession qui lui a été faite
du titre n'a donc pu lui être faite, ou plutôt il ne
peut être réputé débiteur du montant de la cession
qu'autant qu'il y a eu encaissement à l'échéance (1).

92. — La circonstance que le cessionnaire aurait
lui-même négocié les effets ne change rien à la solution. C'était pour lui une créance conditionnelle ; il
l'a négociée conditionnellement (2). Si par suite de

---

(1) La jurisprudence la plus générale s'est prononcée dans ce
sens.— V. Rouen, 16 nov. 1820 (P. 3ᵉ éd. à sa date; D. A. 3. 212;
Cass., 15 janv. 1823 (P. 3ᵉ éd. à sa date; D. A. 3. 693); Bourges,
11 fév. 1829 (P. 3ᵉ éd. à sa date; D. 29. 2. 244); Rouen, 11 juill.
1840 (P. t. 1ᵉʳ 1841, p. 147; D. 41. 2. 13); Nancy, 10 déc. 1842
(P. t. 2 1843, p. 324; D. 43. 2. 46); Paris, 12 nov. 1844 (P. t. 1844,
p. 517; D. 45. 2. 29); Douai, 5 mars 1845 (P. t. 1ᵉʳ 1845, p. 596).
Dans le sens contraire V. Cass., 9 janv. 1838 (P. t. 1ᵉʳ 1838,
p. 109; D. 38. 1. 50); Rouen, 13 déc. 1844 (P t. 1ᵉʳ 1844, p. 445);
Rouen, 18 juin 1845 (P. t. 1ᵉʳ 1846, p. 439; D. 46. 1. 243); Cass.,
27 avr. 1846 (P. t. 2 1846, p. 622; D. 46. 1. 243). — Et encore,
à l'égard de ces quatre derniers arrêts, aurons-nous lieu plus loin
de faire remarquer que les deux premiers nous semblent bien rendus, abstraction faite des principes trop absolus qu'ils invoquent.
(2) Rouen, 11 juill. 1840 (P. t. 1ᵉʳ 1841, p. 147; D. 41. 2. 13).

non-paiement les titres lui reviennent entre les mains, c'est comme s'il ne les eût pas négociés. L'argent qu'il verse pour le remboursement représente l'argent qu'il eût donné pour faire l'opération qu'il a faite au moyen de la négociation des effets.

93. —Il suit de là : 1⁰ Que celui qui envoie à son correspondant des effets à échoir ne peut le débiter qu'éventuellement du montant de ces mêmes effets ; et que ce n'est également qu'éventuellement que le correspondant peut créditer l'autre de ces mêmes effets (1).

94. — 2⁰ Qu'en cas de clôture du compte courant par suite du décès ou de la faillite du cédant, il faut attendre l'événement de l'encaissement pour décider si le montant des effets porté conditionnellement comme article de compte courant doit être ou non maintenu comme tel. (V. cependant *infrà* nᵒˢ 99 et suiv.)

95. — Mais, objecte-t-on, celui qui a accepté des remises en compte courant a suivi la foi de son cédant ; il doit donc subir la position qu'il s'est faite (2).

---

(1) Paris, 12 nov. 1844 (P. t. 2 1844, p. 547 ; D. 45. 2. 29).

(2) Rouen, 13 déc. 1844 (P. t. 1ᵉʳ 1844, p. 445) ; Rouen, 18 juin 1845 (P. t. 1ᵉʳ 1846, p. 439 ; D. 46. 1. 243).

Cette objection est mal fondée, en ce qu'elle est prise d'une position autre que celle de compte courant. Sans doute, en thèse générale, quand un créancier accepte de son débiteur des valeurs en paiement de ce que celui-ci lui doit, il est juste de dire que le créancier suit la foi de son débiteur : car il fait novation ; il échange son titre contre un autre titre qu'il a examiné et dont il a apprécié préalablement la valeur. Il doit dès-lors subir les conséquences du non-paiement de son nouveau titre à l'échéance ; et, en cas de faillite de son cédant, sa condition doit être la même que celle des autres créanciers.

Mais, en compte courant, on ne peut pas dire que le cessionnaire suive la foi de son cédant. Les remises sont ordinairement faites sans examen préalable du mérite des titres; le plus souvent même cet examen irait contre le but du compte courant lui-même, c'est-à-dire qu'il entraverait la simplicité et la rapidité des opérations réciproques, surtout entre deux correspondans de villes différentes. Enfin, ce qu'il ne faut pas perdre de vue, les articles du compte courant constituant de véritables prêts, la foi qu'on a eue dans le prêteur ne peut pas faire qu'un prêt existe tant que ce prêt n'a pas été réalisé. Cet argument tiré de la foi suivie est donc sans aucune valeur (1).

96. — Pour repousser la condition tacite de l'encaissement des effets passés en compte courant, la cour de Cassation, dans son arrêt du 27 avril 1846 (2), donne pour principaux motifs : « Que ces effets étaient portés en compte courant comme valeurs réelles et qu'il n'avait été dérogé par aucune convention, réserve, protestation ni restriction aux principes du droit commun sur les effets de la transmission par endossement ; — Qu'un compte courant établi sans conventions spéciales n'est autre chose qu'une remise successive et réciproque de valeurs diverses soumises aux règles générales, chacune selon sa nature ; — Qu'en déclarant le banquier propriétaire, par l'effet des endossemens et à la date de ces endossemens, d'effets recouvrables à diverses échéances, l'arrêt dénoncé a fait une juste application des art. 136 et 187 du code de commerce.»

Malgré notre profond respect pour les décisions de la cour suprême, nous nous permettrons de faire remarquer que, d'après les règles que nous avons

---

(1) Sauf toutefois ce qui est dit *infrà* n°s 99 et suiv.
(2) P. t. 2 1846, p. 622; D. 46. 1. 243.

puisées dans ses propres arrêts pour retracer ce qui constituait le compte courant, on est amené à dire qu'un compte courant, *même sans conventions spéciales, est autre chose qu'une remise successive et réciproque de valeurs diverses.*

Il contient encore, et essentiellement, la faculté de disposer, ou l'emprunt, pour le cessionnaire, des sommes que l'encaissement des remises doit lui procurer. Or, comment peut-il y avoir prêt, s'il n'y a pas eu encaissement ?

La condition tacite d'encaissement n'a pas besoin pour exister qu'il ait été dérogé par convention, réserve, protestation ou restriction, aux principes du droit commun sur les effets de la transmission par endossement ; elle dérive de la nature même des choses. Le cessionnaire ne peut pas rembourser avant une certaine époque ; jusque-là il devra les intérêts des sommes dont les titres lui ont été transmis par endossement. S'il est tenu des intérêts, c'est donc qu'on suppose qu'il a touché les capitaux.

Autre chose est de considérer le cessionnaire comme saisi de la propriété des effets de commerce par l'effet des endossemens ; autre chose est de le considérer comme débiteur, en compte courant, de ces mêmes effets.

Il faut bien que le cessionnaire soit saisi de la propriété des titres pour pouvoir recevoir, poursuivre ou même négocier, s'il le juge à propos. Et il est nécessairement saisi de cette propriété au moment même des endossemens.

Mais il est saisi de cette propriété au moyen d'une cession en compte courant; c'est-à-dire qu'il ne devient pas cessionnaire moyennant un prix d'égale valeur qu'il paie d'une manière quelconque, puisqu'en compte courant il n'y a jusqu'à la clôture ni paiement, ni imputation, ni compensation; mais il devient cessionnaire à la condition qu'il gardera par devers lui les fonds qui seront payés à l'échéance; qu'il pourra disposer de ces fonds à son profit personnel jusqu'à la clôture; que, jusqu'à cette même époque, il sera tenu de servir les intérêts, et qu'enfin à la clôture il rendra compte du tout. Or, sans encaissement, rien de cela ne peut avoir lieu. Il s'ensuit donc que toute cession faite en compte courant doit être réputée faite sous la condition tacite d'encaissement; il n'est pas besoin pour cela de restriction ni de réserve expresse. La restriction et la réserve résultent de cela même que les parties sont en compte courant.

97.—Au surplus, ces raisons ont été sanctionnées implicitement par la cour de Cassation elle-même, au sujet du paiement d'acceptations à découvert données

par une des parties qui se trouvaient en compte courant. Elle a décidé (1) que des traites acceptées à
découvert ne devenaient, entre les mains de l'accepteur, des titres de créances susceptibles d'être ad-
mises en compensation avec les créances liquides du
tireur, qu'autant que l'accepteur les avait payées en
l'acquit du tireur; et que celui-ci pouvait, tant que la
preuve du paiement des traites n'était pas faite par
l'accepteur, exiger contre lui le montant de ses
créances liquides.

« Attendu, porte l'arrêt, que des traites acceptées à découvert ne deviennent, entre les mains de
l'accepteur, des titres de créances contre le tireur
qu'autant que l'accepteur les a payées en l'acquit du tireur; que jusque-là elles ne constituent que *des promesses de paiement*, qui ne peuvent donner lieu à aucune action en remboursement de la part de l'accepteur contre le tireur, ni former en faveur de l'accepteur une créance exigible, qui puisse faire la matière
d'une compensation, qui est un véritable paiement. »

Or, même raison de décider au sujet des cessions
d'effets à échoir. Ce ne sont que des *promesses de*

---

(1) Cass., 20 déc. 1837 (P. t. 1er 1838, p. 56; D. 38. 1. 142).

prêt tant qu'il n'y a pas eu encaissement, tout comme des acceptations à découvert ne sont que des *promesses de paiement* tant qu'il n'y a pas eu paiement réel. De même qu'on ne peut opposer au tireur qu'il a suivi la foi de l'accepteur pour en conclure qu'il y a eu compensation, de même aussi on ne peut opposer au cessionnaire qu'il a suivi la foi de son cédant pour en conclure qu'il y a eu passation définitive en compte courant. Dans l'un comme dans l'autre cas, c'est à l'intention des parties qu'il faut remonter. Or, dans cette intention, il s'agit également d'une dette purement éventuelle ; la dette doit donc toujours être considérée comme telle, nonobstant le silence gardé par le titre qui la constate.

98. — Enfin on objecte encore que c'est, en cas de faillite du cédant, faire au profit du cessionnaire une position plus avantageuse que celle des autres créanciers. Nullement ; car cela résulte de la nature des opérations qui ont eu lieu avant la faillite. Ce n'est pas créer un privilége que de reconnaître que la condition sous laquelle le cessionnaire a été porté au débit du cédant ne s'est pas accomplie, et que le cessionnaire n'ayant pas encaissé, l'article de ce cessionnaire doit être retranché tout à la fois et du débit et du crédit, c'est-à-dire anéanti.

99. — Cependant l'état de compte courant n'exclut pas les transactions ordinaires du commerce. Il peut fort bien se faire qu'un individu négocie à son correspondant des effets dont celui-ci accepte purement et simplement la transmission. Dans ce cas, le cessionnaire suit la foi de son cédant, et la cession est, comme les cessions ordinaires, à ses risques et périls. Alors, en cas de faillite du cédant avant l'échéance de ces effets, le montant de la négociation doit figurer dans le débit du compte du cessionnaire, sauf à celui-ci à subir, à défaut de paiement, le sort des autres créanciers vis-à-vis de la faillite.

100. — Quand la cession doit-elle être réputée pure et simple? Cela dépend nécessairement des circonstances. On peut dire cependant que c'est en général toutes les fois qu'elle ne peut pas se traduire ainsi : je vous négocie telle valeur pour que vous l'encaissiez pour moi et que vous usiez des fonds encaissés jusqu'au moment où nous réglerons notre compte.

101. — 1º. Ainsi on doit considérer comme cession pure et simple la négociation au cessionnaire d'effets souscrits à son profit par le cédant. Car alors c'est une véritable obligation à terme souscrite par celui-ci au profit du cessionnaire. C'est, pour ainsi dire, un encaissement par anticipation pour lequel

il a suivi la foi de son cédant. Telles étaient les espèces des deux arrêts rendus par la cour de Cassation
le 9 janvier 1838 (1) et par la cour royale de Rouen le
13 décembre 1844 (2). Aussi ces deux arrêts nous
semblent-ils bien rendus au fond, quoiqu'ils rejet-
tent d'une manière absolue, dans la cession, la condition tacite de *sauf encaissement*.

102. — 2⁰ Ainsi encore, la cession doit être réputée pure et simple, quand elle est faite à un prix
moindre que le montant de l'effet. Comme le cessionnaire court alors la chance de recevoir plus qu'il
ne donne, c'est une espèce de forfait qu'il fait avec
son cédant. Quoi qu'il arrive, le montant de la négociation doit rester à son débit.

103. — Mais, sauf ces cas et autres semblables,
la cession doit toujours être réputée faite dans le but
du contrat, c'est-à-dire pour procurer au cessionnaire des fonds dont il pourra disposer jusqu'au moment de la clôture ; et par conséquent cette cession
doit être présumée faite *sauf encaissement*.

104. — Au surplus, nous ferons remarquer que
cette condition tacite de *sauf encaissement* étant

---

(1) P. t. 1ᵉʳ 1838, p. 109; D. 38. 1. 50.
(2) P. t. 1ᵉʳ 1844, p. 445.

exclusivement dans l'intérêt du cessionnaire, celui-ci reste le maître de l'invoquer ou non. S'il ne le fait pas, il reste dans la condition d'un cessionnaire pur et simple, et il en subit toutes les conséquences.

105. — La nature de la cession déterminée, il nous reste à expliquer les droits et obligations du cessionnaire. Ces droits et obligations varient né-cessairement, suivant que la cession est faite *sauf encaissement* (que du reste la condition soit expres-se ou tacite), ou suivant que la cession est pure et simple.

106. — Depuis le moment de la cession jusqu'au jour de l'échéance, le cessionnaire sauf encaissement, étant saisi de la propriété des effets, peut les négo-cier; mais il le fait à ses risques et périls, c'est-à-dire qu'il s'expose à être tenu de rembourser les tiers-porteurs en cas de non-paiement par les débiteurs principaux.

107. — De ce que la cession est faite *sauf encais-sement*, il suit (comme on l'a déjà vu nᵒ 93) que ce n'est qu'éventuellement que les valeurs des effets cédés sont portées au crédit du cédant ou au débit du cessionnaire.

Il résulte de là que, si le compte vient à être clos avant l'échéance des effets, par exemple, par suite de la faillite du cédant, comme il est incertain si les

effets seront tous payés, le cessionnaire a droit de
les garder en totalité entre ses mains comme une
espèce de nantissement, bien que le montant de ces
effets excède le solde créditeur existant en sa faveur
par suite du réglement de compte. Cet usage du
commerce, appuyé de l'autorité des auteurs (1), a
été consacré par la cour de Cassation elle-même (2).
Nous reviendrons sur ce sujet *infrà* n⁰ 208.

108. — A l'échéance, si les effets sont payés, le
cessionnaire a droit de disposer des fonds en provenant, et les articles du compte relatifs à ces effets,
d'éventuels qu'ils étaient, restent au compte comme
définitifs. ·

109. — Si les effets ne sont pas payés, le cessionnaire doit avoir soin de faire constater le non-paiement, soit qu'il se soit présenté lui-même pour le
recevoir, soit qu'il ait été obligé de rembourser les
effets qu'il a négociés. Alors il renvoie les effets à son
correspondant, en le débitant : 1⁰ du montant de ces
effets ; 2⁰ et des frais de protêt et autres accessoires,
tels que ports de lettres, etc. Comme le correspondant a été crédité du montant de ces mêmes effets

____

(1) M. Pardessus, *Droit commercial*, nᵒˢ 476 et 1224 ; M. Horson,
Questions sur le Code de commerce, t. 2, p. 70, quest. 92 et suiv.
(2) Cass., 27 nov. 1827 (P. 3ᵉ éd. à sa date ; D. 28. 1. 32).

lors de l'envoi, les articles se trouvant portés tout-à-la fois au débit et au crédit s'annihilent, et le cessionnaire se trouve n'être plus créditeur que de ses frais de protêt et accessoires.

110. — Mais *quid*, si, au lieu de renvoyer les effets à son cédant, le cessionnaire les garde pardevers lui ? Il faut distinguer à l'égard des débiteurs et à l'égard du cédant ou de ses créanciers.

111. — A l'égard des débiteurs, les choses restent les mêmes qu'auparavant. Quelle que soit la position du cessionnaire vis-à-vis de son cédant, qu'il soit propriétaire pur et simple ou qu'il ne soit que propriétaire conditionnel, qu'il ne soit même que mandataire, peu importe ; il est toujours propriétaire apparent. Il a donc qualité pour poursuivre en son nom personnel, et il en doit être ainsi lors même qu'il a contrepassé les effets au compte courant de son cédant (1).

112. — A l'égard du cédant ou de ses créanciers, cette rétention des effets de la part du cessionnaire devra-t-elle être considérée comme une renonciation à se prévaloir de ce que la cession n'était qu'éventuelle, et comme une acceptation de la

____

(1) Bruxelles, 18 juill. 1840 (P. 3e éd. à sa date).

créance purement et simplement pour son compte ?

S'il avise son cédant qu'il [contrepasse les effets à son débit et qu'il les garde néanmoins pour poursuivre les débiteurs, il n'y a point de difficulté possible. Le cessionnaire a usé du bénéfice de la condition de *sauf encaissement*; il n'agit plus que comme mandataire.

113. — S'il garde le silence, la question est plus difficile; et la solution dépend des circonstances.

1⁰ Ainsi, le cessionnaire pourrait n'être pas réputé avoir agi pour son compte, si, le cédant étant venu à tomber en faillite, il avait retenu par-devers lui les effets de commerce pour agir contre les tiers. En pareil cas, le cessionnaire est réputé agir au lieu et place de son cédant, pour appliquer ensuite à son propre profit, et par l'exercice d'une espèce de nantissement ou de droit de rétention, les sommes que les poursuites pourront faire recouvrer. (V. au surplus *infrà* n⁰ 208).

114. — 2⁰ Au contraire, le cessionnaire peut être réputé avoir pris la créance pour son compte, s'il n'avait pas fait les poursuites qu'il devait faire, au moins en qualité de mandataire. Le cédant pourrait dire en ce cas que, ne voyant pas revenir les effets, il a pensé qu'ils avaient été payés; et le cessionnaire doit subir les conséquences de sa négligence.

115. — 3° Mais la simple contrepassation des effets au débit du cédant ne suffirait pas ; car c'est là une opération intérieure (1) qui, lorsqu'elle est faite sans le concours de l'autre partie, ne saurait lui être opposée.

Il en serait autrement, par la même raison, s'il était prouvé que le compte où se trouve la contrepassation des effets avait été récemment envoyé au cédant et que celui-ci en eût pris connaissance.

116. — Lorsque la cession des effets de commerce a été faite purement et simplement, le cessionnaire est absolument dans la même position que s'il n'y avait pas compte courant. La valeur ou le prix de la cession est porté actuellement et définitivement à son débit, et il poursuit le paiement à ses risques et périls, soit directement contre les débiteurs principaux, soit par voie de recours contre son cédant. De la sorte, si le compte vient à être clos avant l'échéance des effets par suite de la faillite du cédant, le cessionnaire devra compte actuellement à la faillite du montant des effets débités ; mais pour le recours à exercer ultérieurement contre le failli, il

---

(1) Cass., 27 nov. 1827 (P. 3e éd. à sa date ; D. 28. 1. 32).

ne pourra que réclamer le droit de participer aux dividendes (1).

ART. 4. — Du dépôt.

SOMMAIRE.

117. *Quand il y a dépôt.*

118. *Du dépôt avec commission.*

119. *Dans le doute, le dépôt est présumé fait avec commission.*

120. *Obligations du dépositaire.*

121. *Droits du dépositaire.*

122. *Droit d'emmagasinage dû indépendamment du droit de commission.*

117. — Il y a dépôt, dans le compte courant, quand l'une des parties remet entre les mains de l'autre des marchandises ou autres objets, pour que leur valeur, réalisée au moyen de la vente ou de la négociation, reste à la disposition de la partie dépositaire.

118. — En pareil cas, il y a lieu d'appliquer les dispositions du Code civil sur le dépôt. Cependant le

---

(1) Arg. Cass., 9 janv. 1838 (P. t. 1er 1838, p. 109; D. 38. 1. 50).

plus souvent les opérations sont régies par les principes du contrat de commission, lequel, comme on le sait, se compose d'une espèce particulière de mandat et de dépôt. En effet, d'après le Code civil (art. 1917), le dépôt pur et simple est essentiellement gratuit ; et au contraire, d'après le contrat de commission, le dépôt est salarié.

119. — Dans tous les cas où une partie est dépositaire d'un objet appartenant à l'autre, nous dirons, de même qu'à l'égard du mandat, qu'il y a présomption que la partie est dépositaire en qualité de commissionnaire, plutôt que dépositaire pure et simple. En effet, puisque le plus souvent elle doit disposer des fonds provenant de la réalisation de l'objet déposé, cela suppose qu'on lui a donné pouvoir d'aliéner ce même objet déposé. Ensuite l'usage lui alloue une indemnité pour les soins de conservation donnés à la chose déposée, indemnité que repousse la convention d'un dépôt pur et simple.

120. — Le dépositaire est tenu de toutes les obligations qui lui sont imposées par les articles 1927 et suivans du Code civil, avec les modifications toutefois que ces obligations doivent subir quand le dépositaire doit être réputé avoir agi en qualité de commissionnaire.

121. — D'un autre côté, la partie dépositaire a

droit d'exiger de l'autre le remboursement de toutes les dépenses faites pour la conservation de la chose, ainsi qu'une indemnité pour toutes les pertes que le dépôt peut lui avoir occasionnées. (Code civil, art. 1947.)

122. — Ce droit au remboursement des avances et à une indemnité pour pertes occasionnées par le dépôt, est tout-à-fait indépendant de la rétribution que l'usage accorde sur le prix de la chose déposée pour arriver à sa réalisation.

Ainsi, on a décidé qu'indépendamment du droit de commission alloué à un correspondant dépositaire de marchandises, à raison 1° des démarches nécessaires pour arriver à la vente de ces marchandises, 2° et des fonds qu'il avait été obligé de tenir à la disposition de l'autre partie, ce même correspondant avait pu exiger un *droit d'emmagasinage*, comme équivalent des frais faits pour la conservation de la chose et comme indemnité des inconvéniens que lui avait occasionnés le dépôt (1).

---

(1) Lyon, 23 juill. 1839 (P. t. 2 1840, p. 444).

§ 2. — Articles en dehors du compte courant.

SOMMAIRE.

123. *Ce qu'on entend par articles en dehors du compte courant.*

124. *Il n'y a point prêt.*

125. *Le mandat ou la commission est le caractère essentiel.*

126. *Droits et obligations du mandataire ou commissionnaire.*

127. *Quand il y a cession.*

128. *Effets de la cession à l'égard des tiers et à l'égard du cédant.*

129. *Obligations du cessionnaire en cas de paiement ;*

130. *Et en cas de non-paiement.*

131. *Quand il y a dépôt.—Droits et obligations du dépositaire.*

132. *De la destination des valeurs provenues des articles en dehors du compte courant.*

133. *Nécessité de faire la distinction de ces articles, en cas de faillite.*

123. — Par articles en dehors du compte courant, nous entendons ceux à l'égard desquels le cor-

respondant n'a pas la disposition des fonds touchés ou à toucher, parce qu'il doit garder ces fonds, soit pour les remettre à son cédant, soit pour les appliquer à une destination indiquée.

Comme ces articles, bien que ne faisant pas réellement partie du compte courant, sont souvent passés dans les écritures, nous devons examiner à quelle espèce de contrat ils se rapportent, et à quels droits et obligations ils donnent lieu.

124. — Puisque le correspondant ne doit pas avoir la disposition des fonds, il n'y a plus lieu au contrat de prêt, comme dans le compte courant. Mais alors le mandat ou la commission doit s'y trouver essentiellement. Il s'y joint ordinairement la cession et quelquefois le dépôt.

125. — Le mandat ou la commission est, comme nous venons de le dire, le contrat qui a lieu essentiellement dans les articles en dehors du compte courant. Car ce ne peut être qu'à ce titre qu'un des correspondans touche ou conserve pour l'autre, quel que soit d'ailleurs le contrat qu'on emploie pour y arriver.

126. — Chaque partie, mandataire ou commissionnaire de l'autre, est alors tenue des mêmes obligations et jouit des mêmes droits que ceux dont nous avons parlé (V. *suprà* nᵒˢ 79 et suiv.) au sujet des articles de compte courant.

127. —Il y a cession, quand le correspondant doit toucher des effets de commerce dont il gardera les fonds à la disposition du cédant ou pour en faire un emploi indiqué. Alors la propriété de ces effets lui est transmise pour arriver à la réalisation des valeurs dont il n'aura pas droit de disposer.

128. — Dans ce cas, le cessionnaire est réputé propriétaire vis-à-vis des tiers; mais à l'égard du cédant il n'est qu'un simple mandataire.

Il y a lieu dès lors, en cas de faillite du cessionnaire, d'appliquer l'art. 574 du code de commerce qui permet de revendiquer « les remises en effets de commerce ou autres titres non encore payés et qui se trouveront en nature dans le portefeuille du failli à l'époque de sa faillite, lorsque ces remises auront été faites par le propriétaire, avec le simple mandat d'en faire le recouvrement et d'en garder la valeur à sa disposition, ou lorsqu'elles auront été, de sa part, spécialement affectées à des paiemens déterminés. »

129. — En cas de paiement à l'échéance, le correspondant doit appliquer la somme touchée à l'emploi déterminé. Si la somme excède ce qui doit être employé, le surplus entre en compte courant.

Il en sera de même encore si, après avoir d'abord indiqué une destination pour des sommes à toucher, le cédant avise ensuite son correspondant que cet emploi n'aura pas lieu.

130. — En cas de non-paiement à l'échéance, le cessionnaire doit faire en son nom toutes les poursuites, de même que pour les articles de compte courant. Il y a seulement cette différence que, s'il garde les effets et ne dirige point de poursuites, il ne pourra être réputé cessionnaire pur et simple à l'égard de son cédant. Mais alors, s'il en est résulté un préjudice pour celui-ci, le cessionnaire pourra être tenu envers lui de dommages-intérêts à raison de l'inexécution de son mandat. (C. civ., 1991 et 1992).

131. — Il y a dépôt, quand des valeurs ou objets sont remis au correspondant qui doit les garder et les restituer en nature, ou bien rendre *in specie* la valeur qui en aura été réalisée au moyen de la vente ou de la négociation.

Pour les droits et obligations résultant de ce contrat, voyez ce que nous avons dit (*suprà* nᵒˢ 120 et suiv.) relativement au dépôt appliqué aux articles de compte courant.

132. — Le correspondant ne peut changer la destination qui lui a été indiquée, relativement à aucune des valeurs qu'il a touchées comme mandataire ou comme cessionnaire, ou qui lui ont été remises à titre de dépôt. Ainsi, il ne pourrait les appliquer au paiement de sa propre créance. En effet, ce serait changer la nature du titre auquel les valeurs lui ont été confiées, et pour cela il faut le consentement des deux parties.

On a jugé en conséquence qu'un banquier, créancier par compte courant d'un tiers, ne pouvait appliquer à sa propre créance les valeurs que ce tiers lui transmettait, mais avec l'affectation spéciale d'un crédit qu'il ouvrait sur ce même banquier au profit d'un autre individu (1).

133. — Tous ces articles en dehors du compte courant sont ordinairement confondus dans les écritures du compte courant lui-même. Cela ne peut guère donner lieu à difficultés dans les cas ordinaires; car il est presque toujours indifférent que les parties, créancières et débitrices l'une de l'autre à plusieurs titres, dressent un seul ou plusieurs états de leur situation respective. Le résultat est en définitive le même pour elles.

Mais il en est autrement en cas de faillite. Comme c'est seulement le solde par suite de la balance du débit et du crédit du compte courant qui doit être porté à l'actif ou au passif de la faillite, la partie qui

---

(1) Paris, 10 mars 1846 (P. t. 1er 1846, p. 691; D. 46. 4. 94).

se trouvait en compte courant avec le failli a intérêt de comprendre dans ce compte le plus grand nombre possible d'articles étrangers, pour diminuer l'importance de son solde débiteur ou créditeur. Elle aime mieux opérer ainsi une compensation avec elle-même que de se voir obligée de payer à la faillite la totalité de ce qu'elle doit, tandis qu'elle ne viendra que par contribution avec les autres créanciers pour être payée de ce qui lui est dû.

Il est donc important de bien examiner les différens articles portés dans les comptes courans où un failli se trouve partie intéressée, et de voir si quelques uns de ces articles ne doivent pas être retranchés pour être l'objet de comptes particuliers.

CHAPITRE III.

STIPULATIONS ACCESSOIRES DU COMPTE COURANT.

134. — Indépendamment des stipulations précises, objet des articles du compte courant, il en est d'autres accessoires à ces mêmes articles, sur lesquelles les parties ne s'expliquent souvent pas, et que l'usage a consacrées à défaut de convention.

Ce sont les intérêts et le droit de commission.

SECTION PREMIÈRE.

Des intérêts.

SOMMAIRE.

135. *Sur quoi est fondée la perception des intérêts.*

136. *Les intérêts sont dus de plein droit.*

137. *Quid, si l'une des parties n'est pas commerçante ?*

138. *Ou s'il s'agit d'un compte courant en matière civile ?*

135. — Le caractère essentiel du compte courant est, comme on l'a vu (nᵒˢ 5 et 61), que chaque partie ait la libre disposition des sommes qu'elle encaisse, c'est-à-dire qu'elle emprunte de l'autre partie, et qu'elle soit réputée prêter à celle-ci les sommes qu'elle débourse pour elle. D'un autre côté, ce sont des opérations commerciales qui presque toujours donnent lieu au compte courant.

Or, il est de règle, dans le commerce, que toute espèce d'opérations doit avoir un produit utile et réel ; il en doit être de même par conséquent pour les sommes prêtées de part et d'autre par l'effet du compte courant. Ce produit des sommes est tout naturellement leur intérêt au taux légal.

136. — Aussi est-il d'un usage constant, dans le

commerce, que les sommes portées en compte courant produisent des intérêts de plein droit et sans
qu'il soit besoin de demande judiciaire; et cet usage
a été consacré par la jurisprudence (1).

137. — Si l'une des deux parties n'était pas commerçante, leur compte courant n'en devrait pas
moins être régi par les principes du droit commercial, s'il s'agissait entre elles d'affaires de commerce (2).

Mais la disposition n'est applicable qu'autant qu'il
y a véritablement compte courant. Elle ne le serait
plus, s'il ne s'agissait que d'un compte ordinaire,
résultant, par exemple, de fournitures faites par
un marchand à un ouvrier (3), et cela quand même
le compte serait établi par débit et crédit. (Nᵒ 13).

138. — La circonstance, que le compte courant
existerait en matière civile, ne serait pas une raison
pour que les intérêts ne courussent pas de plein

---

(1) Cass., 17 mars 1824 (P. 3ᵉ éd. à sa date ; D. 24. 1. 132);
Bordeaux, 9 août 1840 (P. t. 2 1840, p. 725); Orléans, 27 août
1840 (P. t. 2 1840, p. 504; D. 41. 2. 42); Cass., 11 janv. 1841
(P. t. 2 1841, p. 144 ; D. 41. 193).

(2) Bordeaux, 4 juill. 1832 (P. 3ᵉ éd. à sa date; D. 33. 2. 19).

(3) Spécialement, par un marchand de fer à un maréchal ferrant qui se fournit habituellement chez lui. — Bourges, 16 mai
1845 (P. t. 2 1846, p. 745).

droit. En adoptant le compte courant, les parties sont réputées s'être soumises aux règles propres à ce contrat. (V. n⁰ 8.) Or, ces règles sont celles tracées par l'usage commercial, à défaut de dispositions légales, et qui sont consacrées par la jurisprudence.

139. —Les intérêts sont dus réciproquement, soit au débit, soit au crédit (1), sur chaque article, c'est-à-dire, non seulement sur chaque somme principale encaissée par une partie pour l'autre, mais encore sur les accessoires, tels que les frais et déboursés, pour arriver à l'encaissement (2).

140. —Cependant, il est des articles qui, bien que mentionnés dans les écritures, ne doivent pas donner lieu à des intérêts. Ce sont les sommes qui n'entrent pas véritablement en compte courant. Tel est le cas où le correspondant a encaissé une somme dont il n'a pas eu la libre disposition, parce qu'il a dû garder cette même somme pour en faire un emploi qui lui a été indiqué.

Vainement il se serait écoulé, entre l'époque de l'encaissement et celle de l'emploi, un intervalle de

_____

(1) Bordeaux, 4 juill. 1832 (P. 3ᵉ éd. à sa date; D. 33. 2. 19), et 10 août 1838 (P. t. 2 1838, p. 474).
(2) Bordeaux, 9 août 1840 (P. t. 2 1840, p. 725).

temps assez long pour faire présumer que la partie a pu placer les fonds et en retirer un bénéfice. Cette présomption ne suffirait pas. La partie n'ayant agi alors qu'en qualité de mandataire, il faudrait prouver contre elle qu'elle a fait emploi des fonds, pour qu'elle pût être tenue des intérêts. (C. civ., 1996.)

141. — En général, et sauf stipulation contraire, les intérêts courent respectivement, au profit de chaque partie, du jour où elle a versé des fonds pour le compte de son correspondant (1); et contre elle, du jour où son correspondant a déboursé des fonds pour son compte.

142. — Comme les comptes courans sont ordinairement ouverts dans des maisons chargées de nombreuses écritures, et que ces comptes se balancent à peu près aux mêmes époques, on a l'habitude de calculer d'avance les intérêts.

---

(1) Quelquefois même, dans l'usage, les remises en espèces faites par un banquier portent intérêts dès la veille; on en donne pour raison la nécessité où est le banquier de se procurer l'argent la veille, pour l'avoir le lendemain à la disposition de son correspondant.

Pour les articles définitivement portés en compte, ce calcul est simple. Il comprend les intérêts à partir du jour où ils ont été ouverts jusqu'au jour où la balance du compte devra se faire.

Mais il y a un peu plus de difficulté, quand il s'agit d'un article qui n'est porté qu'éventuellement dans le compte ; par exemple, quand il s'agit d'un effet de commerce dont l'échéance n'est pas encore arrivée. Dans ce cas, on calcule toujours les intérêts, mais en les faisant partir du jour de l'échéance à venir jusqu'au jour de la balance ou du réglement du compte. D'où il suit que, si l'effet vient à n'être pas payé à l'échéance et qu'on le renvoie au cédant, comme celui-ci a été crédité, non seulement du montant de l'effet, mais encore des intérêts depuis l'encaissement présumé jusqu'au jour du réglement, on le débite, non seulement du montant de l'effet, mais encore des intérêts calculés pendant le même temps qu'au crédit. De cette manière, les intérêts sont annihilés, aussi bien que les capitaux.

143. — A partir de quelle époque doit-on calculer les intérêts d'un effet payable à vue ? Comme le porteur n'est tenu d'en exiger le paiement que dans les six mois de sa date (C. comm., 160), tant que ce délai n'est pas écoulé, l'effet n'est pas réputé échu. On ne saurait donc, à moins de convention

contraire, calculer les intérêts qu'à partir de l'expi-
ration des six mois (1).

Cependant il paraîtrait qu'un usage de commerce
établirait qu'en compte courant les effets doivent
figurer, sauf encaissement, au crédit de l'envoyeur,
valeur huit ou dix jours après leur réception (2).
Mais en admettant l'existence de cet usage, on sent
qu'il ne pourrait recevoir son application qu'autant
qu'il s'agirait d'un effet qui pût être, d'après la disposition des lieux, touché dans cet intervalle. Selon
toute justice, le point de départ des intérêts ne peut
être que le jour où l'encaissement est physiquement
possible.

144. — On peut convenir que les intérêts parti-
ront à des époques différentes pour les deux parties.
Ainsi, dans un compte courant par suite d'ouverture
de crédit, il peut être stipulé que le banquier sera
crédité de suite des intérêts des sommes qu'il aura
déboursées, tandis qu'il ne sera débité des intérêts
de celles qu'il aura encaissées qu'un certain nombre de jours, par exemple une quinzaine, après leur

______

(1) M. Horson, *Questions sur le Code de commerce*, t. 2, p. 119,
quest. 105 et 106.

(2) *Ibid.*, lettre.

encaissement. On donne pour raison de cette différence que, du moment qu'il verse ses fonds, le banquier cesse de pouvoir les employer à son profit; que, de plus, il a dû se les procurer et souvent même les garder en caisse pour pouvoir les verser, tandis qu'il ne trouve pas toujours à placer du jour au lendemain les sommes qu'il encaisse.

Toutefois, quelque respect qu'on doive porter aux conventions des parties, surtout en matière commerciale, il faudrait voir si, d'après les circonstances, une pareille stipulation n'aurait pas pour but de dissimuler des intérêts usuraires. Les tribunaux devraient alors la considérer comme non avenue.

145. — Le taux légal des intérêts étant de 6 $^0/_0$ par an en matière commerciale, et de 5 $^0/_0$ en matière civile (L. 3 septembre 1807, art. 2), c'est sur l'un ou l'autre de ces deux taux qu'en l'absence de toute stipulation, doivent être perçus les intérêts des articles du compte courant.

146. — Mais *quid*, si le compte courant existe entre un commerçant et un non-commerçant? Il nous semble que l'intérêt doit être perçu au même taux des deux côtés, c'est-à-dire à raison de 6 $^0/_0$. En effet, il est d'abord très-rare qu'un compte courant ne renferme pas, de la part du non-commerçant, quelque encaissement qui soit le résultat d'une

opération commerciale (1). Or, en pareil cas, il y aurait lieu déjà d'appliquer les règles du droit commercial, et par suite l'intérêt serait dû à raison de 6 % (2). — Ensuite, il est juste que chaque partie serve les intérêts au même taux qu'on les lui sert. Or, le débit du commerçant constituant, d'après les principes du compte courant, un véritable emprunt de sa part et tout emprunt fait par un négociant étant réputé fait pour son commerce (arg. C. comm., 638), il en résulte qu'il y a là une dette commerciale donnant lieu à l'intérêt de 6 % ; le commerçant doit donc équitablement percevoir l'intérêt au même taux pour sa créance commerciale, c'est-à-dire sur les articles de son crédit. Il y a lieu d'appliquer, à cet égard, la jurisprudence d'après laquelle le commissionnaire ou le mandataire commerçant qui, dans une opération commerciale, a fait des avances au mandant non-commerçant a droit aux intérêts de ses avances, à raison de 6 % par an (3).

---

(1) Telle est, par exemple, la négociation par endossement d'une lettre de change dont le non-commerçant a accepté purement et simplement la cession de la part de son correspondant, ou bien qui a été plus tard payée à son échéance.

(2) Bordeaux, 4 juill. 1832 (P. 3ᵉ éd. à sa date; D. 33. 2. 19).

(3) Cass., 18 fév. 1836 (P. 3ᵉ éd. à sa date; D. 38. 1. 395); Bor-

147. — Les parties ne pourraient, par leurs conventions, stipuler un intérêt au dessus du taux légal. (L. 3 septembre 1807, art. 1ᵉʳ); mais elles peuvent le stipuler au dessous.

148. — Elles peuvent convenir que le taux des intérêts ne sera pas le même pour chacune d'elles ; que, par exemple, l'une aura droit à un intérêt de 6 %, tandis que l'autre ne sera bonifiée que d'un intérêt de 5 ou même au dessous. Cette convention, très-licite en elle-même, est ordinairement fondée sur les raisons qu'on donne pour justifier la stipulation d'une différence dans le point de départ des intérêts. (V. nᵒ 144.) Mais il ne faut pas que la convention ne serve qu'à déguiser une opération usuraire, comme cela arrive souvent dans les comptes courans par suite d'ouverture de crédits. Dans ce cas, les magistrats devraient déclarer la convention non avenue, et ordonner que le taux des intérêts serait le même pour les deux parties (1).

149. — Tout cela s'appliquerait à plus forte raison au cas où il aurait été stipulé qu'une seule des deux parties servirait des intérêts, tandis que l'autre

---

deaux, 17 janv. 1839 (P. t. 1ᵉʳ 1839, p. 364; D. 39. 2. 114); Cass., 7 mai 1845 (P. t. 2 1845, p. 550; D. 45. 1. 306).

(1) Orléans, 24 août 1840 (P. t. 2 1840, p. 543).

n'en serait pas tenue. Une pareille convention est également très-licite en elle-même ; car deux individus peuvent être en même temps débiteurs l'un de l'autre, l'un de créances qui portent intérêts, l'autre de créances qui n'en portent point. De plus, cette convention peut avoir pour fondement la difficulté des placemens de la part de celui qui ne doit pas payer d'intérêts (1).

Cependant une pareille stipulation doit avoir nécessairement contre elle une présomption d'usure ; car elle lèse évidemment une partie au profit de l'autre (2). Les juges ne sauraient donc la maintenir qu'autant qu'elle leur paraîtrait sérieuse et fondée en fait.

150. — Il arrive souvent que des remises d'effets

---

(1) Ce mode, dit M. E. Vincens (*Législation commerciale*, t. 2, p. 159), était propre aux banquiers hollandais ; ils donnaient pour raison que leur commerce était de faire valoir leurs fonds et non d'en emprunter. — Dans ce cas, les banquiers forment un compte par échelette de ce qu'ils ont payé, déduisant d'époque en époque ce qu'ils ont reçu. Ils exigent sur cette base l'intérêt, tant qu'ils sont créanciers; tout intérêt cesse quand ils sont débiteurs.—Alors le compte se trouve dressé d'après la méthode dite *hambourgeoise*. —V. à cet égard Hipp. Vannier, *Traité pratique des comptes courans*, p. 86 et suiv.

(2) Bordeaux, 10 août 1838 (P. t. 2 1838, p. 474).

ou de factures à différentes échéances sont faites à un banquier par son correspondant, et qu'on veut éviter de passer écritures pour chacun de ces articles, surtout s'ils sont nombreux et de peu d'importance. Ces articles sont portés sur un bordereau ; le banquier les escompte, c'est-à-dire qu'il se bonifie de l'intérêt à courir sur le montant de chacun de ces articles, depuis le jour de la remise ou un autre jour désigné jusqu'au jour d'une échéance déterminée. Au moyen de l'escompte, tous les articles étant réputés avoir la même échéance, le montant du bordereau est porté au crédit de celui qui fait les remises, et il est crédité également des intérêts de ce même bordereau du jour de l'échéance désignée.

Cet escompte, ou intérêt pris par anticipation et en sus de celui dû sur les articles du compte courant, est juste, puisqu'il n'est que l'équivalent de l'intérêt que le banquier se trouve également payer par anticipation, en portant valeur actuelle, au crédit du correspondant, des remises qui n'écherront que plus tard.

Mais il ne faut pas que l'opération d'escompte serve à déguiser une stipulation d'intérêt usuraire. Tel serait le cas où le correspondant remettrait, non pas des effets qui lui auraient été souscrits ou négociés par des tiers, mais bien des effets sous-crits par lui-même (1).

De plus, l'intérêt pris pour l'escompte doit être le même que celui stipulé en faveur du commerçant. Il paraît cependant qu'en fait, bien des escompteurs ne se font pas scrupule d'observer cette règle de justice (2).

Il est donc important, en procédant au dresse-ment de tout compte courant, de rechercher les élémens des articles passés comme montant de *bordereaux* et de voir s'ils n'ont pas pour résultat, ou de couvrir une stipulation illégale d'intérêts, ou d'avantager indûment une partie au préjudice de l'autre.

151. — Les mêmes raisons d'après lesquelles nous avons vu (n°s 135 et 139) que les intérêts couraient de plein droit sur chaque article du débit et du crédit d'un compte courant, les font nécessairement courir de plein droit sur le solde. En effet, la cessa-tion d'affaires ne change pas la force et les effets du compte courant (3). Le solde n'est que la diffé-

---

(1) Cass., 27 nov. 1843 (P. 1er 1844, p. 24 ; D. 44. 1. 23). — *Contrà* Paris, 18 janv. 1839 (P. t. 1er 1839, p. 64), alors qu'il s'agit d'escompte entre spéculateurs.

(2) V. Hipp. Vannier, *Traité pratique des comptes courans*, p. 8.

(3) Bourges, 23 mars 1835, rapporté avec Bourges, 2 mars 1836 (P. 3e éd. à sa date ; D. 40. 2. 202).

rence des sommes dont une partie se trouve débitrice envers l'autre, avec celles dont elle se trouve
créancière. Cette différence constitue toujours, d'a-
près les principes du compte courant, un véritable
prêt, sur le montant duquel les intérêts doivent courir sans mise en demeure ou demande en justice (1).

152. — Tout ce que nous avons dit plus haut
sur le taux des intérêts, soit entre commerçant et
non-commerçant, soit à défaut de stipulation expresse, soit en cas de stipulation d'une différence
dans ce taux ou dans le point de départ, s'applique évidemment aux intérêts du solde ; car les raisons de décider sont les mêmes.

Et ces règles sont applicables, que le solde soit
porté comme article *à nouveau* dans un compte
courant ultérieur, ou qu'il constitue une dette définitive, par suite de toute cessation d'affaires entre
les parties.

153. — En cas de cessation d'affaires, les intérêts
du solde sont, à défaut de toute stipulation, dus jusqu'à parfait paiement (2); car le débiteur est présu-

---

(1) Paris, 24 juin 1812 (P. 3ᵉ éd. à sa date; D. A. 3. 692); Cass.,
17 mars 1824 (P. 3ᵉ éd. à sa date; D. 24. 1. 132).—*Contrà* Bruxelles, 13 janv. 1813 (P. 3ᵉ éd. à sa date; D. A. 3. 692).

(2) Bourges, 23 mars 1835, rapporté avec Bourges, 2 mars
1836 (P. 3ᵉ éd. à sa date; D. 40. 2. 202).

mé en avoir fait jusque-là emploi pour son usage.

Mais la même présomption n'existe plus, et par conséquent les intérêts cessent de courir, du moment qu'il est constant que le débiteur a dû garder le montant du solde entre ses mains, pour le payer au créancier quand celui-ci l'exigerait. Tel est le cas où, en envoyant son compte courant à son correspondant, la maison débitrice l'a prévenu *qu'elle tenait le solde à sa disposition* (1).

154. — Comme le débit et le crédit de chacune des parties se composent, non seulement des capitaux, mais encore des intérêts de ces mêmes capitaux depuis le jour de l'encaissement ou du versement jusqu'au jour de la balance, et que le solde, ou différence entre le débit et le crédit, produit lui-même des intérêts, il résulte de là une véritable capitalisation d'intérêts.

Cette capitalisation d'intérêts est permise, quand il s'agit d'intérêts dus au moins pour une année entière (C. civ., 1154).

155. — Mais en est-il de même, alors qu'on ba-

---

(1) M. Horson (*Questions de droit commercial*, t. 2, p. 499, quest. 222), cite, dans ce sens, un parère des premières maisons de banque et de commerce de Paris, et un arrêt de la cour royale de la même ville du 23 juill. 1827.

lance le compte courant, tous les six mois suivant l'usage, ou même tous les trois mois dans quelques maisons? Une pareille capitalisation doit-elle être toujours considérée comme renfermant une stipulation usuraire?

Quelque précis que soit le texte de la loi, il nous semble que son esprit n'a pu être d'entraver des opérations commerciales loyalement faites, et qu'il y a une distinction à faire, à cet égard, entre les comptes courans réciproques et les comptes courans simples.

156. — Dans les comptes courans réciproques, c'est-à-dire, dans ceux résultant d'opérations de même nature faites des deux côtés, les parties ont le plus grand intérêt à connaître et à liquider souvent leur position respective; elles ne peuvent y arriver qu'en balançant leur compte; on conçoit donc qu'elles fassent cette balance à des époques rapprochées, tous les six mois par exemple, et même quelquefois tous les trois mois. Si cette mesure peut entraîner une capitalisation d'intérêts en faveur de l'une des parties, elle n'a pu être prise en considération quand il a été convenu expressément ou tacitement de balancer aux époques déterminées; car on ignorait alors et il était impossible de savoir qui, par suite des opérations ultérieures, serait débiteur

du solde. Si, aujourd'hui, la balance du compte donne lieu à la capitalisation des intérêts en faveur d'une des parties, la balance suivante peut avoir le même résultat en faveur de l'autre. Ainsi la condition des parties est égale. — De plus, la capitalisation des intérêts n'est nullement le but qu'on se propose en balançant le compte. Elle n'est qu'une conséquence éventuelle d'une opération qui a un but bien autrement important, celui de liquider la position respective des parties. Cette capitalisation d'intérêts ne saurait donc être un obstacle à ce que les parties, d'après la convention ou l'usage, balancent leur compte à des intervalles moindres d'un an (1).

157. — Les mêmes raisons ne militent pas en faveur des comptes courans simples, tels, par exemple, que le compte existant entre un banquier et un négociant par suite d'ouverture de crédit. Alors,

---

(1) Dijon, 24 août 1832, rapporté avec Cass., 12 nov. 1834 (P. 3ᵉ éd. à sa date; D. 35. 1. 21); Bourges, 23 mars 1835, rapporté avec Bourges, 2 mars 1836 (P. 3ᵉ éd. à sa date; D. 40. 2. 202); Cass., 14 juill. 1840, qui rejette le pourvoi contre un arrêt de Grenoble du 31 août 1839 (P. t. 2 1840, p. 487; D. 40. 1. 186); Orléans, 21 août 1840 (P. t. 2 1840, p. 543); Cass., 14 août 1845 (D. 45. 4. 54). — V. aussi Arg. Cass., 19 déc. 1827 (P. 3ᵉ éd. à sa date; D. 28. 1. 64).

comme les articles du crédit de l'emprunteur ne
sont pas le résultat d'opérations faites pour le compte
du banquier, mais se composent presque toujours
uniquement des remises en argent ou en effets que
lui a faites le négociant pour éteindre d'autant le
montant de son emprunt, on sait en quelque sorte
d'avance qui sera créancier du solde à nouveau par
suite de la balance du compte. Il ne s'agit alors que
d'une question de chiffres ; il n'y a point, comme
dans les comptes courans réciproques, variation
continuelle dans la position respective des parties.
La balance du compte à des époques rapprochées
n'est donc pas absolument nécessaire. Si elle se
fait ainsi, on peut dire qu'elle n'a pour but que de
faire produire des intérêts plus élevés, au moyen
de la capitalisation. Il y a lieu dès-lors de rentrer
dans l'application de l'art. 1154 du Code civil,
qui ne permet la capitalisation qu'autant qu'il
s'agit d'intérêts dus au moins pour une année entière (1).

---

(1) Bourges, 23 mars 1835, rapporté avec Bourges 2 mars 1836
(P. 3ᵉ éd. à sa date ; D. 40. 2. 202) ; Bourges, 18 déc. 1839 (P. t. 2
1840, p. 219 ; D. 40. 2. 196) ; Rennes, 6 janv. 1844 (P. t. 1ᵉʳ 1844,
p. 524 ; D. 44. 2. 199) ; Bourges, 3 mai 1844 (P. t. 2 1845, p. 169 ;
D. 45. 4. 54 et 55). — V. aussi Liége, 24 avr. 1834 (P. 3ᵉ éd. à sa
date) ; Lyon, 23 juill. 1839 (P. t. 2 1840, p. 444).

Toutefois cette décision ne doit pas être adoptée d'une manière absolue. Il peut se faire que, même dans des comptes courans simples, la balance du compte, à des intervalles moindres d'un an, n'ait pas pour but d'arriver à la perception d'intérêts usurai-res. Cela dépend des circonstances qu'il appartient aux juges d'apprécier.

158. — D'un autre côté, la capitalisation des in-térêts par suite de balance du compte à des inter-valles moindres d'un an pourrait, nonobstant l'ar-ticle 1154 du code civil, avoir lieu en vertu de la convention ou de l'usage, s'il s'agissait d'intérêts au-dessous du taux légal, par exemple, à 2 ou à 3 $\%$ et que la capitalisation ne dût pas faire excéder ce même taux légal. En effet, les conventions des par-ties doivent être respectées toutes les fois qu'elles se renferment dans les prescriptions de la loi ; or, l'ar-ticle 1154 du code civil et la loi du 3 septembre 1807 n'ont pour but que de réprimer l'usure. De quelque manière donc que les parties calculent les intérêts, on ne saurait dire qu'il y a usure, toutes les fois que le taux légal n'est point dépassé.

159. — La distinction que nous venons de faire entre les comptes courans réciproques et les comp-tes courans simples, relativement à la capitalisa-tion des intérêts; nous semble mieux fondée que celle qu'on tire de ce que les comptes courans auraient eu lieu en matière commerciale ou en matière civile. On dit, à ce sujet, que la capitalisation des intérêts, à des intervalles moindres d'un an, peut avoir lieu dans les comptes courans entre les commerçans, par ce motif que les dispositions du code civil ne sont point applicables en matière commerciale (1).

Mais d'abord, ainsi qu'on vient de le voir dans le numéro qui précède, c'est moins la disposition de l'article 1154 du code civil sur la capitalisation en elle-même, que les dispositions de la loi du 3 septembre 1807 sur le taux de l'intérêt, qu'il s'agit de respecter. Or la loi de 1807 fixe également le taux de l'intérêt et en matière civile et en matière commerciale. Le taux de l'intérêt commercial, c'est-à-dire de 6 %0 par an, se trouverait évidemment dépassé si, au lieu de recevoir au bout d'un an une somme plus son intérêt à raison de 6 %0, on additionnait plusieurs fois dans le même intervalle la somme et les intérêts échus, en soumettant chaque nouveau capital au même intérêt de 6 %0.

____

(1) Grenoble, 16 fév. 1836 (P. t. 2 1837, p. 100 ; D. 37. 2. 81), et 24 fév. 1841 (P. t. 1er 1842, p. 148 ; D. 42. 2. 91); Colmar, 11 mai 1842 (P. t. 1er 1843, p. 8 ; D. 45. 1. 314).

Ensuite, un compte courant en matière civile peut fort bien avoir pour objet des opérations réciproques; et nous avons vu (n° 156) que, dans les comptes courans réciproques, la balance du compte et par suite la capitalisation des intérêts peuvent se faire plusieurs fois dans une année.

Enfin, si la capitalisation des intérêts, comme conséquence de la balance du compte, pouvait toujours être permise plusieurs fois dans l'année par cela qu'il s'agirait d'opérations commerciales, il s'ensuivrait que l'usure ne pourrait être atteinte, toutes les fois qu'elle aurait été déguisée, entre parties commerçantes, à l'aide des opérations de compte courant. La loi n'a pu le vouloir, et la jurisprudence (V. n° 157) a proscrit, même entre négocians, toute capitalisation qui ne serait qu'un moyen de percevoir indirectement des intérêts usuraires.

160.—Nous ajouterons, en terminant, que, quand il y a eu perception d'intérêts usuraires, celui qui les a payés peut toujours les répéter, quelque approbation qu'il ait donnée aux divers comptes. En effet, une telle perception étant la violation d'une disposition prohibitive de la loi, ne saurait jamais être couverte par le silence ou l'acquiescement, et d'ailleurs la loi du 3 septembre 1807 ne libère pas seulement le débiteur des engagemens par lesquels il s'est soumis

à payer des intérêts usuraires ; elle l'autorise encore
à répéter ceux qu'il a payés (1).

SECTION II.

Du droit de commission.

SOMMAIRE.

161. *Sur quoi est fondé le droit de commission.*

162. *Il est dû indépendamment de l'intérêt.*

163. *Cas où il a été jugé que le droit de commission était dû.*

164. *Cas où il a été jugé que ce droit n'était pas dû.*

165. *Le droit de commission est dû sans stipulation expresse.*

166. *Est-il dû des deux côtés ?*

167. *Il doit être perçu sur les articles indivi-
duels.*

168. *Le taux du droit de commission est fixé par
la convention ;*

169. *Sinon par l'usage.*

170. *Le taux peut n'être pas le même des deux
côtés.*

---

(1) Toulouse, 16 janv. 1835, rapporté avec Cass., 16 mai 1838
(P. t. 2 1838, p. 413 ; D. 38. 1. 349).

171. *Le taux, une fois déterminé, ne peut être augmenté ni diminué à raison de l'importance des opérations.*

172. *Du droit de commission sur les articles en dehors du compte courant.*

173. *Est-il dû pour l'encaissement des billets à domicile?*

174. *Et pour le retrait d'effets mis en négociation?*

175. *De la restitution du droit de commission indument perçu.*

161.—Dans le compte courant, comme dans toute autre espèce de prêt, l'intérêt est pour chaque partie le produit légitime du placement de ses fonds. C'est le profit auquel elle a droit, sans être tenue d'aucune démarche, d'aucun emploi de temps, d'aucune écriture, d'aucune provision de numéraire. Mais, si ces dernières circonstances viennent se joindre à l'avance des fonds, il est évident qu'elles doivent donner lieu à une indemnité. *Rien pour rien*, telle est la maxime que dicte la justice, quoique de prime-abord elle paraisse blesser par sa rigueur. Mais on revient bien vite de cette opinion, quand on a examiné de près les opérations loyales d'honorables commerçans qui connaissent tout le prix du temps et de l'argent.

162. — Le droit de commission, ayant une autre cause que l'intérêt légal, doit donc être perçu indépendamment de cet intérêt.

163. — Aussi une jurisprudence constante a-t-elle consacré ce principe, toutes les fois qu'il y avait eu commission quelconque remplie.

Il a donc été jugé (1) que le droit de commission était dû au banquier, comme indemnité de l'obligation pour lui :

1° De tenir à la disposition du débiteur des fonds qui peuvent ainsi rester improductifs pendant un temps plus ou moins long (2).

---

(1) La plupart des arrêts que nous allons indiquer ont été rendus en matière de crédits ouverts; mais, comme on le sait, un crédit ouvert est presque toujours suivi d'un compte courant, dans lequel entrent toutes les opérations du crédit relatives au décaissement et à l'encaissement des valeurs. Les décisions rendues à cet égard pour des crédits ouverts trouvent donc nécessairement leur application dans le compte courant simple. Quant au compte courant réciproque, il ne pouvait guère , d'après sa nature, fournir matière à contestation en ce qui concernait le droit de commission.

(2) Grenoble, 31 août 1839 et sur le rejet du pourvoi Cass., 14 juill. 1840 (P. t. 2 1840, p. 487; D. 40. 2 221 et 1. 186); Orléans, 21 août 1840 (P. t. 2 1840, p. 543); Grenoble, 24 fév. 1841 (P. t. 1er 1842, p. 148; D. 42. 2. 91) ; Grenoble, 6 mai 1842 (P. t. 1er 1843, p. 162; D. 42. 2. 233) ; Aix, 15 janv. 1844 (P. t. 2 1844, p. 465; D. 44. 2. 198); Colmar, 21 mai 1844 (P. t. 2 1844, p. 471); Bordeaux, 16 janv. 1845 (D. 45. 4. 54); Cass., 14 nov. 1845 (D. 45. 4. 54); Douai, 19 août 1846 (P. 1. 47, p. 417).

D'où l'on a conclu que le droit de commission ne pouvait être exigé quand il a été convenu que le banquier bonifiera des fonds par lui avancés, aussitôt après leur versement, tandis que le crédité ne sera bonifié des sommes encaissées pour lui que quinze ou vingt jours après cet encaissement. On donne pour raison que la prolongation du délai pour l'encaissement tient lieu du droit de commission, et que, si les deux modes concouraient ensemble, ce ne serait qu'un moyen détourné pour éluder la loi prohibitive de tout intérêt usuraire (1).

Cette décision peut avoir été bien rendue en fait, dans l'espèce ; mais il nous semble que sa doctrine ne saurait être adoptée comme règle générale.

En effet, de ce que le crédité ne doit être bonifié des intérêts encaissés pour lui qu'un certain nombre de jours après leur encaissement, mesure évidemment prise à cause de la difficulté des placements, il ne s'ensuit pas que le banquier ou créditeur ne doive toujours tenir des fonds à la disposition du crédité. Ainsi, il lui faudra toujours avoir dans sa caisse des fonds qui dorment, ou s'en procurer à quelque prix que

---

(1) Toulouse, 16 janv. 1835, rapporté avec Cass., 16 mai 1838 P. t. 2 1838, p. 413 ; D. 38. 1. 349).

ce soit, le jour où le crédité lui en demandera. Il y a ainsi pour lui perte certaine ou du moins privation certaine de gain, tandis que la bonification des intérêts, résultant d'un placement antérieur au jour indiqué comme point de départ des intérêts en faveur du crédité, est purement éventuelle. Cette bonification d'intérêts ne saurait donc faire rejeter le droit de commission.

2° De recevoir divisément le remboursement de ses avances (1).

3° D'accepter et ensuite de payer les traites à la décharge du débiteur (2).

4° D'encaisser les traites et effets remis (3).

5° Enfin comme indemnité de frais généraux (4).

164. — Mais le droit de commission n'étant dû que comme indemnité de la nécessité de garder des fonds pour un décaissement éventuel, ou comme prix des soins et démarches pour un encaissement à faire, on a décidé qu'il n'était dû :

------

(1) Colmar, 21 mai 1844 (P. t. 2 1844, p. 471).
(2) Grenoble, 31 août 1839; rapporté avec Cass., 14 juill. 1840 (P. t. 2 1840, p. 487; D. 40. 2. 221 et 1. 186); Aix, 15 janv. 1844 (P. t. 2 1844, p. 465 ; D. 44. 2. 198).
(3) Grenoble, 24 fév. 1841 (P. t. 1er 1842, p. 148; D. 42. 2. 91).
(4) Colmar, 21 mai 1844 (P. t. 2 1844, p. 471).

1⁰ Ni sur le montant d'un simple prêt (1).

2⁰ Ni sur les écus que le banquier reçoit du crédité (2).

3⁰ Ni sur les écus ou les valeurs, au lieu d'écus, que le banquier remet au crédité (3). — **V.** cependant *infrà*, n⁰ 166, en cas d'encaissement de ces valeurs par le crédité lui-même.

4⁰ Ni sur le montant d'un titre exécutoire, par exemple, d'un jugement de condamnation portant intérêts à 6 %, que le banquier a porté au compte courant du crédité, au lieu d'en poursuivre le paiement (4).

5⁰ Ni pour des opérations fictives (5).

6⁰ Ni sur les intérêts (6), la perception ne s'appliquant qu'au capital de chaque fourniture ou prestation de fonds (7).

---

(1) Grenoble, 6 mars 1842 (P. t. 2 1842, p. 736).

(2) Bourges, 18 déc. 1839 (P. t. 2 1840, p. 219; D. 40. 2. 196).

(3) Bourges, 23 mars 1835, rapporté avec Bourges, 2 mars 1836 (P. 3ᵉ, éd. à sa date; D. 40. 2. 202); 18 déc. 1839 (P. t. 2 1840, p. 219; D. 40. 2. 196); 3 mar 1844 (P. t. 2 1845, p. 169; D. 45. 4. 54 et 55).

(4) Bourges, 3 mai 1844 (P. t. 2 1845, p. 169; D. 45. 4. 54. et 55).

(5) Grenoble, 16 fév. 1836 (P. t. 2 1837, p. 100; D. 37. 2. 81); Aix, 15 janv. 1844 (P. t. 2 1844, p. 465; D. 44. 2. 198).

(6) Colmar, 11 mai 1842 (P. t. 1ᵉʳ 1843, p. 8; D. 45. 1. 314); Cass., 2 juill. 1845 (D. 45. 1. 314).

(7) Grenoble, 31 août 1839, rapporté avec Cass., 14 juill. 1840 (P. t. 2 1840, p. 487; D. 40. 1. 186).

7⁰ Ni pour de simples écritures, par exemple, pour un simple renouvellement de billets (1).

8⁰ Ni sur le solde à nouveau; car ce n'est ni un décaissement ni un encaissement; ce n'est que l'indication d'un état de situation, qu'une passation d'écritures (2).

Par la même raison, le droit de commission ne peut être perçu à l'occasion des divers réglemens du compte (3), que ces réglemens aient lieu tous les

---

(1) Douai, 20 fév. 1841 (P. t. 2 1841, p. 497).

(2) Dijon, 24 août 1832, et par suite du rejet du pourvoi, Cass., 12 nov. 1834 (P. 3e éd. à sa date; D. 35. 1. 21); Grenoble, 16 fév. 1836 (P. t. 2 1837, p. 100; D. 37. 2. 81); Orléans, 24 août 1840 (P. t. 2 1840, p. 543); Colmar, 11 mai 1842, et Cass., 2 juill. 1845 (P. t. 1er 1843, p. 8; D. 45. 1. 314). — Cependant, un arrêt de la cour royale d'Aix, du 15 janv. 1844 (P. t. 2 1844, p. 465; D. 2. 198), paraît avoir adopté une opinion contraire ; mais sa décision est fondée sur des considérations de faits particuliers. — Il résulterait de plus d'un parère Humann et autres de Strasbourg, du 1er mars 1842 (V. sous Colmar, 11 mai 1842; P. t. 1er 1843, p. 10) qu'il serait d'usage général, en banque, de percevoir le droit de commission sur le solde à nouveau. Que cet usage soit suivi dans les comptes courans réciproques, rien de mieux ; la position des parties est égale; elles peuvent faire telles conventions ou accepter tels usages que bon leur semble. Mais, dans les autres comptes, le même usage ne saurait être invoqué. Quand il n'y a point eu commission, comment le droit pourrait-il être dû?

(3) Grenoble, 31 août 1839, rapporté avec Cass., 14 juill. 1840 (P. t. 2 1840, p. 487; D. 40. 2. 224 et 1. 186).

six mois (1) ou tous les quatre mois (2) etc. —
De la sorte, encore, ce droit de commission se trouverait avoir été perçu plus d'une fois, ce qui ne saurait être (3).

165. — Le droit de commission est dû, sans qu'il
ait été l'objet d'une stipulation expresse. L'usage
constant du commerce étant tel, les parties sont, à
défaut de stipulation contraire, réputées s'y être
soumises (4).

166. — Le droit de commission est-il dû des
deux côtés?

En matière de compte courant réciproque, l'affir-
mative ne saurait être douteuse, puisque la position des deux parties est égale.

Mais, en matière de compte courant simple, tel,
par exemple, que celui qui résulte d'une ouverture

---

(1) Grenoble, 24 fév. 1841 (P. t. 1ᵉʳ 1842, p. 148; D. 42. 2. 91).

(2) Rennes, 6 janv. 1844 (P. t. 1ᵉʳ 1844, p. 524 ; D. 44. 2.
199).

(3) Grenoble, 16 fév. 1836 (P. t. 2 1837, p. 100 ; D. 37. 2. 81) ;
Orléans, 21 août 1840 (P. t. 2 1840, p. 543) ; Grenoble, 24 fév.
1841 (P. t. 1ᵉʳ 1842, p. 148 ; D. 42. 2. 91).

(4) Grenoble, 31 août 1839, et sur le pourvoi, rejet 14 juill. 1840
(t. 2 1840, p. 487; D. 40. 2. 221. et 1. 186); Grenoble, 24 fév. 1841
(P. t. 1ᵉʳ 1842, p. 148 ; D. 42. 2. 91) ; Aix, 15 janv. 1844 (P. t. 2
1844, p. 465 ; D. 44. 2. 198) ; Colmar, 21 mai 1844 (P. t. 2 1844,
p. 471).

de crédit, cela fait plus de difficulté. On a décidé
qu'à la différence des intérêts qui se percevaient par
réciprocité sur les versemens opérés, le droit de
commission était dû exclusivement au banquier, et
qu'il était d'un usage invariable de ne pas reconnaître un droit de commission au crédité pour les
sommes qu'il remboursait en compte courant (1)

Qu'il ne soit pas dû de droit de commission au
crédité pour les sommes qu'il rembourse, cela se
conçoit. Le crédité rembourse ces sommes à son loi-
sir ; il n'est pas obligé de les tenir à la disposition du
créditeur ; il n'a pas dès-lors droit, comme ce dernier, à une indemnité pour ces mêmes fonds restés
plus ou moins long-temps improductifs entre ses
mains. — Mais, de ce que le droit de commission
n'est pas dû en pareil cas au crédité, il ne s'ensuit
pas que ce même droit soit toujours dû exclusivement au banquier ou au créditeur. Si le crédité fait
une commission quelconque pour le créditeur, par
exemple, si, pour arriver à l'encaissement d'effets de
commerce que le créditeur lui a donnés au lieu d'argent, le crédité est obligé de se transporter loin de
sa résidence, pourquoi ne serait-il pas indemnisé de

____

(1) Aix, 15 janv. 1844 (P. t. 2 1844, p. 465 ; D. 44. 2. 198).

ses démarches, de l'emploi de son temps ? Est-ce que ces choses ne sont pas aussi précieuses pour lui que pour le créditeur ? Ce que nous disons pour ce cas est nécessairement applicable aux autres cas semblables. Quels que soient donc les usages du commerce, il nous semble que le crédité est toujours fondé à réclamer pour lui égalité d'avantages, toutes les fois qu'il y a égalité de chances, de dépenses et de soins.

167. — En supposant un compte courant réciproque entre deux banquiers, par suite d'encaissemens de valeurs faits respectivement l'un pour l'autre, il semble qu'il serait inutile de percevoir le droit de commission sur chacun des articles (1), et qu'il suffirait de le percevoir sur le solde dont l'un des banquiers se trouverait débiteur de l'autre, par suite de la balance du compte. Mais les valeurs peuvent être de différentes natures, en ce sens que les unes auront donné lieu à des démarches, tandis que les autres n'en auront point occasionné. De plus, il peut arriver qu'on ait compris dans le compte courant des valeurs qui n'en font pas partie. Il est donc nécessaire de faire

----

(1) Grenoble, 6 mai 1842 (P. t. 1ᵉʳ 1843, p. 162 ; D. 42. 2. 233).

porter le droit de commission sur les articles pris individuellement.

Cela est plus nécessaire encore dans les comptes courans simples, où le droit de commission peut facilement dégénérer en usure.

168. — Le taux du droit de commission dépend de la convention des parties (1). Il en est surtout ainsi quand les parties sont en compte courant réciproque (2). Mais dans les comptes courans simples, la convention relative à la quotité du droit doit être restreinte dans de justes bornes ; autrement ce serait autoriser indirectement des stipulations usuraires.

169. — A défaut de convention sur la quotité du droit, ou lorsqu'il est décidé que la convention à cet égard ne doit pas faire la loi des parties, la quotité du droit est proportionnée aux risques que peut courir le banquier (3). Dans les circonstances ordinaires, elle est déterminée par l'usage.

Le taux de $^1/_2$ $^0/_0$ par trois mois est le plus usuel en matière de crédit par caisse ou par acceptation (4), c'est-à-dire de 2 $^0/_0$ par an.

---

(1) Bordeaux, 16 janv. 1845 (D. 45. 4. 54).
(2) Cass., 4 fév. 1828 (P. 3ᵉ éd. à sa date; D. 28. 1. 119).
(3) V. parère Laffitte et autres, 30 mars 1842, sous Colmar, 11 mai 1842 (P. t. 1ᵉʳ 1843, p. 11).
(4) V. même parère.

Plus généralement encore il est de 1 %.

La jurisprudence a décidé, par appréciation des circonstances de fait, que le droit de commission avait pu être perçu à 1 % (1), à 62 cent. % (2), et même à 1/2 % par an (3).

170. — On pourrait, de même que pour les intérêts, stipuler que le taux du droit ne sera pas le même des deux côtés. Mais il y aurait lieu d'appliquer ici ce que nous avons dit *suprà* (nᵒ 148), au sujet des intérêts.

171. — Le taux du droit de commission, une fois déterminé par la convention ou par l'usage, est ordinairement le même sur chacun des articles qui y sont soumis. Il n'y a plus lieu d'examiner si la quotité de la somme est en rapport avec les démarches faites, le temps employé, les chances courues, les non-valeurs des fonds gardés en caisse, etc. Si, pour certains articles, l'indemnité peut être trop élevée, pour certains autres elle peut ne l'être pas assez. C'est une espèce de forfait, comme est l'indemnité

---

(1) Rennes, 6 janv. 1844 (P. t. 1ᵉʳ 1844, p. 524; D. 44. 2. 199).

(2) Aix, 15 janv. 1844 (P. t. 2 1844, p. 465; D. 44. 2. 198).

(3) Bourges, 23 mars 1835, rapporté avec Bourges, 2 mars 1836 (P. 3ᵉ éd. à sa date; D. 40. 2. 202); Bourges, 18 déc. 1839 (P. t. 2 1840, p. 219; D. 40. 2. 196); Orléans, 21 août 1840 (P. t. 2 1840, p. 543); Colmar, 21 mai 1844 (P. t. 2 1844, p. 471).

en cas de non-paiement d'une somme d'argent due, c'est-à-dire l'intérêt légal.

172. — Tout ce qui vient d'être dit sur le droit de commission, relativement aux articles du compte courant, s'applique aux articles qui, n'étant pas du compte courant proprement dit, ont néanmoins été passés dans les écritures du compte. Si ces articles ont donné lieu à des actes quelconques de commission de la part du correspondant, tels que des démarches, des actes de nature à engager sa responsabilité, etc., le droit de commission lui est dû à titre d'indemnité. La passation de ces articles dans les écritures du compte ne les fait pas changer de nature, et n'ôte pas au correspondant sa qualité de commissionnaire.

173. — Le droit de commission est-il dû pour les billets à domicile, indiqués payables chez le correspondant à qui on envoie les fonds ?

On a décidé que non, par ces motifs que le correspondant n'avait point de démarches à faire, et que l'opération ne présentait aucune chance aléatoire (1). Cette décision ne nous paraît pas bien fon-

______

(1) Toulouse, 16 janv. 1835, rapporté avec Cass., 16 mai 1838 (P. t. 2 1838, p. 413; D. 38. 1. 349); Bourges, 23 mars 1835, rapporté avec Bourges, 2 mars 1836 (P. 3ᶜ éd. à sa date; D. 40. 2. 202).

dée ; en effet, en pareil cas, le correspondant ne remplit pas un rôle purement passif. Il lui faut recevoir les fonds, les compter, puis les verser au porteur du billet ; il est chargé du dépôt de la somme pendant un temps plus ou moins long. Quelquefois même il peut arriver que les fonds n'aient pas été remis avant le moment où l'on se présente pour toucher et qu'ils ne le soient qu'un instant après ; d'où nécessité de faire parvenir les fonds au porteur ou à l'huissier pour arrêter le protêt. Ainsi, il y a soins donnés, responsabilité encourue, quelquefois même démarches rapides à faire. Tout cela mérite évidemment salaire, c'est-à-dire droit de commission. Seulement, si ce droit était trop élevé en raison des circonstances, il y aurait lieu de le réduire.

174. — C'est également à tort, ce nous semble, qu'on a décidé que le droit de commission n'était pas dû au banquier pour avoir retiré de la circulation des traites émises par son crédité, parce qu'un pareil recouvrement ne présentait pas non plus de chance aléatoire (1). Pour retirer les traites en question, le banquier a dû nécessairement faire des démarches ; il doit donc en être indemnisé.

---

(1) Toulouse, 16 janv. 1835, rapporté avec Cass., 16 mai 1838 (P. t. 2 1838, p. 443; D. 38. 1. 349).

175.—De même que pour les intérêts (V. n⁶ 160), les divers réglemens intervenus entre les parties ne font point obstacle à ce que celle qui a été lésée par une perception indue du droit de commission, ne puisse se faire restituer contre cette même perception (1).

---

(1) Grenoble, 31 août 1839, rapporté avec Cass., 14 juill. 1840 (P. t. 2 1840, p. 487; D. 40. 2. 221 et 1. 186).

CHAPITRE IV.

DE LA BALANCE.

SOMMAIRE.

176. — La balance du compte courant est, à proprement parler, la comparaison que l'on fait entre le débit et le crédit, pour déterminer qui est débiteur ou créancier.

177. — Ordinairement, la balance a lieu pour arriver au dressement du compte par suite de clôture partielle ou définitive. Alors les effets de cette balance disparaissent devant ceux de la clôture dont ils ne sont qu'un accessoire.

Mais souvent aussi la balance a lieu quoiqu'il n'y ait point clôture du compte courant. L'une des parties remet à l'autre son compte, ou les deux parties se remettent réciproquement leur compte. Puis, au lieu d'en débattre les articles et de le clore, les parties continuent de faire de nouvelles opérations, lesquelles sont quelquefois suivies de nombreuses balances jusqu'à la clôture partielle ou définitive du compte.

Il s'agit de déterminer le but et les effets de cette balance.

178. — Le but de la balance a un double objet. Le premier, c'est de mettre la partie à qui le compte est adressé à même de connaître sa situation et de demander la clôture du compte, si la convention ne s'y oppose.

Le second but de la balance est d'arriver à la capitalisation des intérêts.

179. — L'époque de la balance est fixée par la convention des parties ou, à défaut de convention, par l'usage.

180. — Quelque rapprochées que soient les époques auxquelles les parties conviennent de balancer leur compte, cette convention est toujours licite en elle-même. Seulement, si ces balances trop rapprochées avaient pour but de déguiser une opération usuraire au moyen de la capitalisation des intérêts, la convention ne devrait pas recevoir son exécution, en ce qui concerne cette capitalisation. V. à cet égard ce que nous avons dit *suprà* nᵒˢ 154 et suiv.

181. — Si les parties restaient plusieurs années sans s'envoyer leur compte, ni demander ou faire de balance, devrait-on faire une balance unique d'un seul jet, ou bien autant de balances que d'années ou d'époques d'échéances, avec capitalisation des intérêts à la fin de chacune ?

Il faut distinguer s'il y a eu, ou non, à cet égard, convention expresse de la part des parties.

En cas de convention expresse, la balance du compte et par suite la capitalisation des intérêts doivent se faire d'après le mode indiqué. Le défaut d'envoi du compte n'est pas une raison suffisante pour déroger à la loi que les parties se sont faite.

S'il n'y a pas de convention, il faut recourir à l'usage. Or, l'usage prescrit sans doute la balance et la capitalisation annuelle, ou même à une époque plus rapprochée. Mais aussi il est d'usage que celui qui a

le plus fourni envoie son compte courant à l'autre.
Il y a là pour celui-ci, s'il n'accepte pas la balance
et la capitalisation d'intérêts qu'on lui soumet, une
espèce de mise en demeure de provoquer la clôture
définitive et le dressement du compte. Le même envoi doit se faire, pour la même raison, à chaque nouvelle année ou à chaque nouvelle échéance. Si donc
on ne s'est pas conformé à l'usage pour l'envoi du
compte, il n'est pas juste qu'on puisse invoquer ce
même usage, quant à la capitalisation des intérêts.
Les parties sont réputées alors être rentrées dans le
droit commun, c'est-à-dire, qu'il n'y aura compte
dressé et capitalisation d'intérêts que quand on les
demandera. Par conséquent aussi, il ne devra y avoir
qu'une balance d'un seul jet et qu'une seule capitalisation d'intérêts (1).

182. — Quant aux effets de la balance, ils sont
pour ainsi dire négatifs, puisqu'il n'intervient de
consentement réciproque sur aucun point (2). Les
choses demeurent donc dans le même état qu'auparavant ; tous les articles restent encore à débattre

____

(1) Limoges, 8 mai 1817 ; le pourvoi contre cet arrêt a été rejeté le 10 nov. 1818 (P. 3ᵉ éd. à sa date; D. 19. 1. 343).
(2) Arg. Orléans, 27 août 1840 (P. t. 2 1840, p. 504 ; D..41.
2. 42).

depuis l'ouverture du compte ou depuis la dernière clôture ; la capitalisation des intérêts est une simple opération d'écritures, toujours soumise à discussion et pour son opportunité et pour son exactitude.

Les choses restant dans le même état, les parties continuent d'avoir à leur disposition les fonds qu'elles ont encaissés et qui eussent été exigibles si la clôture du compte avait eu lieu. De sorte que, s'il s'agit d'une balance que les parties pouvaient faire suivre d'une clôture, le fait de remettre et d'accepter la balance sans provoquer immédiatement la clôture, emporte prorogation du délai d'exigibilité jusqu'à une balance ultérieure.

183. — De ce que les parties continuent d'avoir à leur disposition les fonds qu'elles ont encaissés et dont le paiement ne sera exigible que plus tard, il suit :

1⁰ Que, tant qu'il n'y a que des balances du compte sans clôture, il ne peut y avoir lieu ni à imputation ni à compensation.

184. — 2⁰ Que les intérêts continuent de courir, comme par le passé, sur les articles portés dans les différens comptes, objets des balances successives, quoiqu'ils ne soient pas nommément répétés dans chacun de ces comptes. Cela est le résultat du fait même de la balance, par suite de laquelle on ouvre

un nouveau compte, ou, pour parler plus exactement, une nouvelle division du compte, dont le premier article est le *solde à nouveau*. En effet, ce solde à nouveau ne comprend pas seulement l'excédant des intérêts du débit sur les intérêts du crédit ou réciproquement, excédant qui formera dorénavant un nouveau capital productif d'intérêts ; il comprend encore l'excédant des valeurs même du débit sur les valeurs du crédit ou réciproquement. Or, comme cet excédant produira dorénavant des intérêts, c'est absolument la même chose que si l'on continuait de répéter, dans les comptes subséquens, les articles des comptes précédens, en leur faisant porter des intérêts. On n'a fait que supprimer de part et d'autre une quantité égale, et par conséquent le résultat est le même.

185. — Ainsi la balance d'un compte courant dont on ne veut ou on ne peut demander la clôture, outre qu'elle est un moyen de faire connaître aux parties leur situation respective, est encore un moyen de simplifier les écritures pour l'avenir.

CHAPITRE V.

DE LA CLÔTURE ET DE SES SUITES.

SECTION PREMIÈRE.

De la clôture du compte courant.

SOMMAIRE.

186. *Définition de la clôture.*
187. *Division.*

186. — La clôture du compte courant est la cessation des opérations qui le constituent, c'est-à-dire qu'à partir de ce moment chacune des parties cesse d'avoir le droit d'agir pour l'autre, et d'avoir la disposition des fonds qu'elle a encaissés pour elle.

187. — La clôture est volontaire ou forcée.

Elle est encore *partielle*, quand elle doit être suivie de nouvelles opérations, ou *définitive*, quand elle ne doit être suivie d'aucune autre opération.

§ 1. — De la clôture volontaire.

188. — La clôture volontaire du compte courant est celle qui résulte de la volonté expresse ou tacite des parties.

189. — Il y a volonté expresse de clore le compte courant, quand il a été convenu entre les parties que la clôture aura lieu à une époque déterminée, ou bien qu'on se préviendra un certain temps d'avance.

190. — Il y a volonté tacite ou présumée, quand l'une des parties envoie son compte à l'autre qui l'accepte (1).

---

(1) Liége, 24 avr. 1834 (P. 3ᵉ éd. à sa date).

Les parties sont encore, à défaut de convention expresse, présumées s'en rapporter à l'usage, lequel varie suivant les places de commerce et selon la nature des opérations.

191. — Quand la clôture volontaire du compte courant doit être suivie de nouvelles opérations entre les parties, on dit quelquefois, mais improprement, que les parties *balancent* leur compte. Ce n'en est pas moins une clôture partielle, toutes les fois que l'opération intervenue entre les parties doit produire les effets, non d'une simple balance (V. *suprà* nᵒˢ 182 et suiv.), mais d'une véritable clôture (V. *infrà* nᵒˢ 201 et suiv.). Car il est de principe que les actes doivent être appréciés, plutôt d'après leur substance que d'après la dénomination que les parties leur ont donnée.

192. — L'époque de la clôture volontaire du compte courant est également fixée par la convention expresse ou présumée des parties.

L'usage est encore considéré, à cet égard, comme une convention présumée.

193. — L'époque de la clôture ne saurait être anticipée par la volonté d'une seule des parties. Il est vrai que le mandat finit par la révocation du mandataire, ou par la renonciation de celui-ci au mandat. (C. civ., 2003). Mais le compte courant ne

renferme pas seulement un mandat appliqué à plusieurs objets ; il se compose encore de prêts des sommes respectivement touchées des deux côtés. Chaque partie a eu la faculté de disposer de ces sommes pour n'en tenir compte qu'à une époque déterminée ; elle a dû compter là dessus ; il y a pour elle un droit acquis que l'autre partie doit respecter.

§ 2. — De la clôture forcée.

SOMMAIRE.

194. *Définition de la clôture forcée.*

195. *Ses causes.*

196. *Incapacité pour les opérations ultérieures.*

197. *Des opérations faites depuis la clôture forcée.*

198. *1⁰ Opérations faites pour l'incapable.*

199. *2⁰ Opérations faites avec l'incapable.*

200. *Cas où l'incapable peut être suppléé.*

194. — La clôture forcée est celle qui résulte d'une cause qui a fait cesser le mandat pour l'une des parties ou pour toutes les deux, avant l'époque fixée par la convention ou par l'usage.

195. — Ces causes sont la mort naturelle ou civile, l'interdiction, ou la déconfiture (C. civ.,

2003), et à plus forte raison la faillite soit du mandant, soit du mandataire.

196.—De plus, ces mêmes causes, excepté la déconfiture, ôtant à l'individu la disposition et l'adminis-
tration de ses biens, un consentement valable ne peut
plus être donné par lui, pour les opérations ultérieures
de prêt et d'emprunt qui sont de l'essence du
compte courant (1).

197. — Mais *quid*, s'il y a eu des opérations de
compte courant faites par l'autre partie, depuis la
cause de la clôture forcée, mais dans l'ignorance
de cette même cause ?

Il y a lieu de distinguer entre les opérations faites
pour celui qui était décédé, interdit ou failli, et les
opérations faites *avec* lui.

198. — 1° Dans les opérations faites *pour* le décédé, l'interdit ou le failli, l'autre partie a agi comme
mandataire. Or, si le mandataire ignore l'une des
causes qui font cesser le mandat, tout ce qu'il a fait
dans cette ignorance ne laisse pas d'être valide.
(C. civ., 2008). Les opérations qui se rattachent au
mandat ou à la commission devront donc produire

______

(1) Arg. Cass., 20 juill. 1846 (P. t. 2 1846, p. 502 ; D. 46. 1.
335).

leur effet avec toutes leurs conséquences. Ainsi, seront valables, toutes opérations de recouvremens,
d'encaissemens, etc. Et par suite il y aura lieu à perception de tous droits de commission.

L'ignorance du mandataire est présumée exister,
tant qu'on ne rapporte pas la preuve qu'elle a dû
cesser. Cette preuve résulte, ou de l'avis ou notifi-
cation de la cause, ou d'un concours de circonstances
établissant que le mandataire n'a pas dû ignorer
cette même cause (1).

199. — 2°. Quant aux opérations faites *avec* le
défunt, l'interdit ou le failli, comme une convention
n'a d'existence légale que par le concours simultané des volontés des deux parties, du moment que
l'une d'elles n'a pu donner un consentement valable,
la convention n'a pu se former, quelles qu'aient été
d'ailleurs l'ignorance et la bonne foi de l'autre partie. Ainsi, des traites envoyées en compte courant
ne peuvent pas entrer dans ce compte, si celui qui
devait les recevoir, et par conséquent donner son
consentement pour accepter cet envoi, était décédé
ou en faillite au moment de la remise. Il en serait de

______

(1) Arg. Angers, 27 mars 1846 (P. t. 2 1846, p. 206 ; D. 46.
2. 86).

même, si l'expéditeur avait mis à son envoi une condition qui ne pouvait plus recevoir son accomplissement après le décès ou la faillite, comme, par exemple, la condition de le créditer du montant des traites (1).

200. —Cependant, cette nécessité du concours simultané des volontés des deux parties, pour la validité des opérations du compte courant, n'est pas absolue. Elle peut souffrir exception, par exemple, en cas de décès d'une des parties, *s'il y avait une personne pouvant régulièrement représenter le défunt* (2). Tel serait le cas où celui-ci aurait été à la tête d'une maison de commerce dont les statuts sociaux permissent aux associés de continuer les opérations nonobstant le décès de l'un d'eux. Il est évident qu'alors les opérations commencées avec le défunt devraient recevoir leur complément avec son représentant. L'autre partie ne peut s'en plaindre; car c'est moins avec la personne réelle du défunt qu'elle est entrée en compte courant, qu'avec le chef d'une maison de commerce représentant cette même maison. Du moment donc que cette

---

(1) Cass., 20 juill. 1846 (P. t. 2 1846, p. 502; D. 46. 1. 335).

(2) Motifs de l'arrêt de Cass., 20 juill. 1846 (P. t. 2 1846, p. 502; D. 46. 1. 335).

maison continue de subsister et qu'elle offre la même
garantie qu'auparavant, son nouveau représentant
a capacité pour conclure les contrats qui avaient été
proposés à l'ancien.

§ 3. — Des effets de la clôture.

SOMMAIRE.

201. *En quoi consistent les effets de la clôture.*

202. *De l'exigibilité des créances éventuelles.*

203. *De la compensation.*

204. *Conséquence de la compensation en cas de
faillite.*

205. *De l'exigibilité du solde.*

206. *Des articles éventuels, relativement à l'exigibilité du solde.*

207. *De la garantie donnée pour sûreté du paiement du solde.*

208. *Du droit, pour le créditeur du solde, de garder les effets non payés;*

209. *Et de produire dans les faillites des tiers-
débiteurs.*

201. — Jusqu'à la clôture partielle ou définitive
du compte courant, la situation des parties était perpétuellement variable; on ne pouvait savoir d'une

manière certaine qui serait en définitive débiteur ou créditeur.

La clôture fait cesser cet état de choses. Si jusque-là chaque partie a pu disposer des sommes qu'elle a encaissées, alors elle en doit compte. La clôture rend donc toutes ces mêmes sommes exigibles à l'égard des parties.

202. — Toutefois, l'exigibilité n'a pas lieu pour les créances éventuelles que le cessionnaire n'a pu toucher du débiteur, soit parce que la condition apposée n'était pas arrivée, soit parce que le terme n'était pas échu.

Ainsi au nombre des créances éventuelles il faut ranger les effets de commerce acceptés en compte courant *sauf encaissement* et non encore échus.

Ce défaut d'exigibilité, pour quelques-uns des articles, n'est point un obstacle à la clôture et à la balance du compte. On laisse ces articles en dehors du compte; ou presque toujours, quand les opérations doivent continuer entre les parties, ces mêmes articles sont portés dans le compte courant comme échus et suivis d'encaissemens réels, sauf à s'en faire raison dans les écritures ultérieures, s'il y avait non-paiement aux échéances.

203. — L'exigibilité respective des sommes dues des deux côtés a pour effet, ainsi que nous l'avons

déjà vu (n°s 68 et suiv.), de donner lieu à la compensation jusqu'à due concurrence. Cette compensation produit son effet au moment même de la clôture, et nonobstant tous retards que les parties pourraient mettre à dresser leur compte.

204. — De ce que la compensation a lieu entre les parties, sauf liquidation ultérieure du compte, et malgré l'éventualité de l'encaissement des créances non encore exigibles vis-à-vis des tiers, il suit qu'en cas de faillite d'un négociant en compte courant avec un autre, les syndics du failli ne pourraient exiger que le correspondant payât les sommes liquides de son débit, sauf à se faire admettre au passif pour son crédit non liquide (1).

205.—L'exigibilité des articles du compte courant entraîne nécessairement l'exigibilité du solde. Car ce solde n'est autre chose que l'excédant du total d'un débit exigible sur le total d'un autre débit également exigible. La partie à qui ce solde est dû pourrait donc, à défaut de paiement, poursuivre immédiatement l'autre partie en justice (2). (V. cependant *infrà* n°s 237 et suiv.).

---

(1) Bordeaux, 3 déc. 1827 (P. 3e éd. à sa date ; D. 30. 2. 173).
(2) Bourges, 6 juin 1840 (P. t. 2 1841, p. 126).

206. — L'éventualité des articles du compte courant doit nécessairement influer sur l'exigibilité du solde et sur les actions qu'on peut exercer pour obtenir le paiement de ce solde.

Ainsi, celui qui se trouve créditeur du solde, par suite de remises d'une somme égale faites à son correspondant et non encore échues au moment de la clôture, ne peut exiger actuellement le paiement du solde ; car il peut se faire que les traites ne soient pas acquittées à leur échéance, et qu'alors il ne soit dû aucun solde. Ce solde n'est donc que conditionnel. D'où la conséquence qu'en cas de faillite du débiteur, le créditeur ne peut être admis au passif que conditionnellement (1) ; s'il touche le dividende afférent à sa créance, ce ne peut être qu'à charge de donner caution ; sinon ce dividende doit être déposé à la caisse des dépôts et consignations (2).

Mais, si le montant des créances éventuelles est moindre que le solde, la différence est exigible purement et simplement, à partir du jour de la clôture.

207. — S'il a été stipulé une garantie, telle qu'une constitution d'hypothèque, pour sûreté du

---

(1) Arg. Rouen, 16 nov. 1820 (P. 3ᵉ éd. à sa date ; D. A. 8. 203).

(2) M. Pardessus, **Droit commercial**, n° 1224.

paiement du solde, cette garantie s'applique, non seulement au solde qui peut résulter de la balance du compte au moment de la clôture, mais encore au solde tel qu'il sera, en définitive, par suite du non-paiement des effets de commerce non encore échus (1).

208. — Le droit, pour le créditeur du solde, de se faire payer sur ce qui lui a été remis entre les mains à titre de garantie, a donné naissance à une des questions les plus importantes en matière de compte courant.

C'est celle de savoir si le créditeur du solde, qui se trouve avoir reçu de son correspondant, depuis tombé en faillite, des effets de commerce qui n'ont pas été payés à leur échéance, a le droit de garder tous ces effets, de manière à ce qu'en même temps qu'il produit au passif de la faillite de son cédant pour le montant du solde, il puisse agir contre les signataires des effets, ou produire à la masse de leur faillite. Au contraire, ce créditeur peut-il être contraint de remettre les effets en question aux syndics de son cédant, pour être seulement admis au passif pour le montant du solde à lui dû, ou au moins ne

____

(1) Douai, 7 mai 1846 (P. t. 1er 1847, p. 131 ; D. 46. 2. 7).

peut-il garder des effets entre ses mains que pour une somme équivalant à ce solde?

D'abord, à l'égard des tiers ou signataires, le créditeur a toujours le droit d'agir (n° 111), quelle que soit sa position vis-à-vis de son cédant.

Relativement au cédant, ou plutôt relativement à ses créanciers qui auront à souffrir de la position d'un autre créancier qui semble privilégié, la première des questions posées doit être résolue affirmativement ; car la nature des choses le commande ainsi.

Celui qui fait des avances en compte courant ne les fait qu'avec l'assurance d'en être remboursé. Les remises qu'on lui fait sont le fondement de cette assurance. D'un autre côté, c'est dans le même but que le correspondant fait ces remises.

Si le créditeur avait accepté purement et simplement les remises, ce seraient autant de valeurs portées définitivement à son débit ; et alors il n'y aurait plus lieu à la question posée. Mais si, comme il arrive presque toujours, ces mêmes remises n'ont été acceptées que conditionnellement, c'est-à-dire sauf encaissement, elles n'en restent pas moins ce qu'elles étaient auparavant, savoir ce sur quoi le créditeur a compté pour faire ses avances, la garantie de ce même créditeur. C'est une espèce de nantissement qu'il a entre les mains, et ce nantissement lui donne le droit d'être payé, pour la totalité de sa créance, par privilége et préférence aux autres créanciers de son cédant (1).

En d'autres termes, il peut dire à son débiteur : « Je n'ai fait mes avances que parce que vous m'avez donné des garanties au moyen de remises passées en mon nom. Vous m'avez mis à votre lieu et place pour exiger le paiement de ces remises dont les fonds étaient destinés à me couvrir de mes avances. Si j'avais accepté purement et simplement ces remises, mes avances seraient couvertes d'autant. Mais je n'ai accepté que sauf encaissement, et l'encaissement n'a pas eu lieu. Ces remises n'en restent pas moins ma garantie pour arriver au remboursement de mes avances; je puis donc toujours exercer les droits que vous pourriez exercer vous-même pour arriver au paiement. Seulement, ce que je recevrai, je devrai l'imputer sur ma créance. S'il en était autrement, les garanties données n'au-

---

(1) Paris, 11 août 1812 (P. 3ᵉ éd. à sa date); Cass., 27 nov. 1827 (P. 3ᵉ éd. à sa date; D. 28. 1. 32). — Cette opinion est, au reste, celle de M. Pardessus, *Droit commercial*, nᵒˢ 476 et 486, et de M. Horson, *Questions sur le Code de commerce,* t. 2, p. 70, nᵒˢ 92 et suiv.

raient été qu'illusoires ; et je n'aurais pas fait d'avances, si je n'avais pas eu la certitude qu'il me fût permis de tirer des objets donnés en garantie tout le parti qu'on pouvait en tirer. »

Quant aux autres créanciers du failli, ils ne peuvent se plaindre, puisqu'à l'égard du créditeur ils se trouvent dans la même position qu'ils seraient vis-à-vis de tout créancier nanti d'un gage en vertu d'un contrat de bonne foi.

Le créditeur du solde n'est donc tenu de restituer à la faillite de son débiteur ni la totalité des remises non payées qui se trouvent encore entre ses mains, ni ces mêmes remises sauf retenue d'un certain nombre dont le montant égale celui du solde ; mais il a droit de les garder toutes pour en poursuivre le recouvrement contre les autres signataires (1).

209. — Le correspondant cessionnaire étant, à l'égard des tiers débiteurs, toujours saisi de la propriété des effets qu'il a entre les mains, il suit qu'en cas de faillite de ces tiers, il a le droit de se présenter dans toutes les masses et d'y figurer, jusqu'à parfait paiement, pour la valeur nominale des titres dont il est porteur. (C. comm., 542). Ce qu'il tou-

---

(1) Bourges, 11 fév. 1829 (P. 3ᵉ éd. à sa date; D. 29. 2. 244).

che dans chacune, il l'impute sur le solde qui lui est dû par le failli ; et si, en dernier lieu, il doit toucher plus que son solde, l'excédant devra être recouvré par le syndic (C. comm., 548).

Quant à la faillite du débiteur du solde, le créditeur se trouvant nanti d'un véritable gage au moyen des remises qu'il a entre les mains, il ne peut être inscrit dans la masse que pour mémoire. (C. comm., 546).

SECTION II.

Du dressement du compte courant.

SOMMAIRE.

210. *Nécessité du dressement du compte courant.*
211. *Division.*

210. — La clôture, soit partielle, soit définitive du compte courant, ayant fixé la position jusque-là perpétuellement variable des parties, il est indispensable, pour liquider cette position, de procéder au dressement du compte, ou, ce qui est la même chose, à l'examen de celui qui a été dressé.

211. — Ce dressement du compte se fait à l'amiable ou en justice.

De plus, il est à remarquer que le dressement

amiable du compte est souvent suivi de nouvelles opérations de compte courant.

Enfin, le solde du compte peut être l'objet de quelques observations particulières, de quelque manière que le compte ait été dressé.

§ 1ᵉʳ. — Du dressement amiable et de la continuation du compte courant.

SOMMAIRE.

212. *Envoi du compte courant.*

213. *Examen du compte et acceptation du solde.*

214. *Conséquences de l'acceptation du solde.*

215. *Paiement du solde. — Du solde à nouveau.*

216. *Continuation du compte courant.*

217. *Preuves de la continuation du compte.*

218. *La continuation doit se faire entre les mêmes personnes.*

219. *Règles qui la régissent.*

212. — Pour arriver au dressement amiable ou à la balance du compte courant, chaque partie envoie à l'autre son *compte courant* ou tableau des articles portés à son débit et à son crédit, avec indication du *solde*, ou excédant de l'un sur l'autre, s'il y en a.

Ordinairement, il n'y a guère qu'un seul compte envoyé ; c'est par la partie qui a le plus fourni.

Cet envoi ne balance pas et n'arrête pas irrévocablement le compte, mais met seulement les parties à même de connaître leur situation respective.

213. — Chaque partie examine les différens articles du débit et du crédit, les approuve ou les contredit.

Les difficultés levées relativement aux articles, on vérifie si la balance est exacte. Puis le solde, conséquence de l'exactitude des opérations, est accepté en faveur de l'une ou de l'autre des parties.

214. — L'acceptation du solde entraîne la présomption que les articles du compte ont été examinés et approuvés, et rendrait par suite non recevable la partie qui viendrait ultérieurement demander la rectification du compte, si ce n'est pour erreurs, omissions, faux ou doubles emplois. (V. *infrà* nᵒˢ 246 et suiv.)

Ainsi, en supposant que dans le compte courant par suite d'un crédit ouvert chez un banquier à un individu et à sa femme, on eût porté des sommes antérieurement dues par le mari seul, la femme, qui aurait approuvé ce compte courant, serait non recevable à soutenir plus tard que les sommes dues par le mari seul ne devaient pas être portées dans le compte (1).

Au reste, l'approbation du compte n'a pas besoin d'être expresse; elle peut résulter d'un concours de circonstances qu'il appartient aux juges d'apprécier.

215. — Si le compte courant est définitivement clos, le solde doit être immédiatement payé. (V. *infrà* n⁰ 236.)

Mais, si les opérations de compte courant doivent continuer, le solde forme, sous le nom de *solde à nouveau*, le premier article du nouveau compte et est porté au débit de la partie qui le doit, ou au crédit de l'autre.

216. — Dans la clôture forcée, le réglement du compte ne saurait, sauf quelques rares exceptions, être suivi de nouvelles opérations de compte courant, puisque l'une des parties, au moins, se trouve dans l'impossibilité de donner dorénavant un consentement valable.

Mais, dans la clôture volontaire, il arrive fréquemment que les parties, en dressant leur compte, entendent ne le clore que jusqu'à cette époque, en désirant continuer leurs opérations pour l'avenir.

---

(1) Arg. Angers, 27 mars 1846 (P. t. 2 1846, p. 206; D. 46, 2. 86).

217. — A défaut de convention expresse, c'est d'après les circonstances qu'il faudra décider si les parties ont entendu cesser leurs relations pour l'avenir, ou au contraire continuer d'être en compte courant.

Ainsi, il y aurait présomption que les parties ont entendu continuer d'être en compte courant, si le solde avait été laissé entre les mains de celui qui le devait (1).

La présomption contraire résulterait de ce que le débiteur du solde l'aurait payé, ou de ce que l'autre partie l'aurait poursuivi en paiement.

Cependant, il a été décidé qu'on avait dû considérer les deux parties comme étant restées en état de compte courant : 1° lorsqu'il avait été convenu que le reliquataire du solde ne le rembourserait qu'après un certain délai et qu'il en servirait les intérêts jusque-là (2) ; 2° ou encore lorsque, le compte réglé dans l'intention de cesser les opérations pour l'avenir, il avait été dit que, jusqu'à ce que le créancier du solde retirât ses fonds, l'intérêt ne lui en serait payé qu'à un taux moindre que par le passé (3) ; d'où

----

(1) Arg. Orléans, 27 août 1840 (P. t. 2 1840, p. 504; D. 41 2. 42).

(2) Cass., 8 germin. an XI (P. 3e éd. à sa date; D. A. 3. 592).

(3) Paris, 22 fév. 1809 (P. 3e éd. à sa date ; D. A. 3. 698).

il faudrait tirer une conclusion contraire à ce que nous venons de dire.

Mais il nous semble que ces arrêts, rendus pour l'application d'une loi toute spéciale, ne sauraient faire autorité ici. Il s'agissait d'appliquer la loi du 16 nivose an VI sur les paiemens en assignats. L'art. 22 de cette loi porte que : « Tout *débiteur* » *par compte courant* dont le *solde* était payable » en papier monnaie... sera valablement libéré, en » rendant en même nature ce qu'il a reçu ou sa » valeur, d'après l'échelle de dépréciation, au temps » de la suppression du papier monnaie, s'il justifie » avoir tenu ses fonds à la disposition de ses créan- » ciers ou commettans. »

Dans les espèces de ces deux arrêts, on contestait aux deux débiteurs du solde, qui voulaient s'acquitter, le droit d'invoquer la disposition de la loi. Or, les deux arrêts décidèrent le contraire, par le motif que les débiteurs n'avaient pas, nonobstant les arrange-mens pris, cessés d'être *débiteurs* par compte cou-rant dans le sens de la loi du 16 nivôse, et ainsi, sous ce point de vue seulement, que l'état de compte courant avait toujours continué ! — De plus, dans l'espèce de l'arrêt de la cour d'appel de Paris, il était survenu une opération entre les parties postérieure-ment au réglement du compte.

Ainsi, comme on le voit, ces deux arrêts ne sont nullement à considérer comme posant des principes en matière de compte courant.

218. — Pour qu'il y ait continuation du compte courant, il faut, de plus, que les opérations aient lieu entre les mêmes personnes, agissant dans les mêmes qualités, ou entre leurs représentans légaux.

Si ces personnes sont autres et que les opérations continuent, ce sera un nouveau compte courant, mais non pas la continuation de l'ancien. Cette distinction peut avoir son importance, relativement au paiement du solde du premier compte (V. *sup.* nᵒ 72).

La continuation des opérations, avec une seconde personne différente de la première, ne saurait entraîner l'extinction du droit qu'on a d'agir contre celle-ci. Ainsi, de ce que le créancier par compte courant d'une société commerciale qui a été dissoute et à laquelle a succédé une nouvelle société chargée de payer les dettes de l'ancienne, a continué ses opérations avec la nouvelle, il n'en résulte pas qu'il soit réputé avoir fait novation de sa créance sur l'ancienne société et avoir accepté la nouvelle pour débitrice (1). Si donc le solde débiteur de l'an-

---

(1) Cass., 5 janv. 1835 (P. 3ᵉ éd. à sa date); Rouen, 10 juin 1835 (P. 3ᵉ éd. à sa date; D. 35. 2. 97).

cienne société était porté au débit de la nouvelle, le créancier aurait le droit de le faire rejeter ; ce qu'il ne pourrait faire s'il s'agissait du solde d'un compte courant qui ne serait que continué.

219. — Les conditions qui régissaient le compte courant avant sa clôture doivent nécessairement régir la continuation de ce même compte. Car les parties sont censées persévérer dans leur volonté, tant qu'il n'apparaît pas d'une volonté contraire.

§ 2. — Du dressement du compte en justice.

SOMMAIRE.

231. *Dressement du compte. — Renvoi devant notaire.*

232. *Forme du compte.*

233. *Justification des articles.*

234. *Du cas où celui qui présente le compte se reconnaît débiteur du solde.*

220. — Lorsqu'une des deux parties ne peut obtenir de l'autre le réglement amiable du compte courant, elle peut l'assigner purement et simplement en dressement de ce compte. Mais le plus souvent, comme c'est la partie, créancière présumée du solde, qui est obligée de former l'action, elle dresse elle-même le compte, le balance, et assigne l'autre partie en paiement du solde.

Avant tout, quelle est la juridiction à saisir? Est-ce la juridiction civile ou la juridiction commerciale? Et, pour chacune de ces deux juridictions, quel est le tribunal compétent?

221.—D'abord, nous ferons remarquer que toutes les contestations, auxquelles peuvent donner lieu les opérations du compte courant, ont nécessairement pour objet :

1^0 Ou le dressement de ce compte;

2^0 Ou l'allocation d'articles contestés dans le compte;

3⁰ Ou enfin le paiement du solde.

222.—Pour déterminer les règles de compétence dans l'un et l'autre de ces trois cas, il est certains principes qu'il importe de rappeler.

Le compte courant n'est rien autre chose que le tableau des opérations qui sont intervenues entre les parties. Chacune de ces opérations, retracée par un article porté au débit ou au crédit, a sa nature particulière, et conserve cette nature jusqu'à ce que, par un consentement mutuel, les parties l'aient anéantie et en aient converti le résultat en une simple créance; ainsi jusque-là point de novation.

Ces opérations ne changent pas non plus de nature, par cela qu'une partie aura dressé le compte de son côté et l'aura balancé par un solde à son débit ou à son crédit. Il faut encore là le consentement de l'autre partie; et, tant que ce consentement n'a pas été donné, celle-ci reste toujours libre de critiquer chacune des opérations.

Mais quand, par l'acceptation expresse ou tacite du solde, l'autre partie a reconnu la sincérité des articles portés en compte, toutes les opérations se trouvent confondues; elles se réalisent en sommes qui, se compensant entre elles, donnent pour résultat un solde, en faveur de l'une ou de l'autre des parties. Ce solde est évidemment l'effet de la novation.

Ces observations présentées, voyons les questions de compétence.

223. — Et d'abord, est-ce la juridiction commerciale ou la juridiction civile qui doit être saisie?

Un compte courant peut avoir lieu, non seulement entre deux commercans, mais encore entre deux individus qui ne le sont pas, ou dont un seul le soit.

D'un autre côté, un compte courant se composant d'un grand nombre d'opérations, les unes peuvent être commerciales et les autres purement civiles. Enfin, les mêmes opérations, dans un compte courant entre un commerçant et un non-commerçant, peuvent être commerciales pour l'une des parties, sans l'être pour l'autre.

S'il s'agit d'un compte courant entre deux commerçans, comme toutes les opérations entre commerçans sont réputées faites pour leur commerce, c'est devant le tribunal de commerce que devront être portées toutes les contestations relatives à ce compte. Et il en doit être ainsi, quand même il se trouverait dans le compte des articles qui n'auraient rien de commercial en eux-mêmes; tels seraient, par exemple, des fermages reçus par l'une des parties pour l'autre. Car alors, le mandat spécial, qui liait les parties, embrassait indistinctement toutes les sommes qu'elles recevaient l'une pour l'autre (1). A quoi il faut ajouter que, s'il n'y a pas un fait commercial dans l'action de recevoir des fermages, c'est un fait commercial, de la part d'un commerçant, que d'avoir reçu en compte courant le montant de ces mêmes fermages, c'est-à-dire, d'en avoir encaissé le montant pour en disposer jusqu'à une certaine époque, ou, en d'autres termes, d'avoir fait un emprunt que la loi répute commercial.

S'il s'agit de compte courant entre un commerçant et un non-commerçant, le tribunal de commerce sera compétent pour connaître de l'action formée par le non-commerçant contre le commerçant. Mais, c'est devant le tribunal civil que le commerçant devra porter sa demande contre le non-commerçant.

Toutefois, si, dans ce dernier cas, l'action avait pour objet, non la demande en dressement du compte ou en paiement du solde, mais seulement quelques unes des opérations du compte, constituant par elles-mêmes des actes de commerce pour tout individu qui y a participé, le tribunal de commerce serait compétent pour en connaître.

____

(1) Cass., 19 déc. 1827 (P. 3ᵉ éd. à sa date; D. 28. 1. 64).

Quant aux difficultés relatives au compte courant entre deux individus non commerçans, c'est au tribunal civil qu'elles doivent être soumises.

224. — En ce qui concerne le tribunal compétent, il faut distinguer, suivant la nature de l'action à former.

225. — Si la demande a pour objet le dressement du compte courant, sans articulation d'aucunes des opérations qui doivent y figurer, comme c'est là une action purement personnelle, elle doit être portée devant le tribunal du domicile du défendeur (1).

Il pourrait y avoir exception, cependant, si les parties avaient l'habitude de régler leur compte courant dans un lieu déterminé, et que cette habitude dût, d'après les circonstances, être considérée comme une élection tacite de domicile pour tout ce qui concerne le compte courant (2).

226. — Si l'action a pour objet une ou plusieurs des opérations comprises au compte courant, comme aucune de ces opérations n'a changé de nature par cela que le résultat en a été énoncé au compte, l'ac-

---

(1) Paris, 5 août 1811 (P. 3ᵉ éd. à sa date; D. A. 3. 691); Douai, 18 juill. 1833 (P. 3ᵉ éd. à sa date ; D. 34. 2. 140); Toulouse, 18 avr. 1834 (P. 3ᵉ éd. à sa date; D. 35. 2. 174).

(2) Aix, 7 fév. 1832 (P. 3ᵉ éd. à sa date; D. 32. 2. 104).

tion relative à chacune peut être portée, non-seulement devant le tribunal naturel du domicile du demandeur, mais encore devant le tribunal exceptionnel qui peut être saisi à raison de la nature de l'opération (1). Ainsi deux négocians en compte courant, demeurant l'un à Paris et l'autre à Marseille, se trouvent ensemble à Lyon. Le premier y vend au second des marchandises qu'il lui livre. Postérieurement des contestations s'élèvent sur les marchés dont le prix a dû être passé en compte courant. L'action pourra être portée, non-seulement devant le tribunal de Paris ou de Marseille, suivant que le défendeur aura son domicile dans l'une ou l'autre de ces deux villes, mais encore devant le tribunal de commerce de Lyon, attendu que la promesse a été faite et la marchandise livrée dans l'arrondissement de ce tribunal. (C. procéd., 420.)

Toutefois, la compétence de chaque tribunal exceptionnel se borne exclusivement à la connaissance de l'action qui lui est attribuée. Cette compétence, toute de droit étroit, ne saurait s'étendre d'un

---

(1) Paris, 23 mars 1811 (P. 3ᵉ éd. à sa date ; D. A. 3. 399) ; Lyon, 2 déc. 1829 (P. 3ᵉ éd. à sa date ; D. 30. 2. 71) ; Poitiers, 28 juin 1832 (P. 3ᵉ éd. à sa date) ; Bordeaux, 9 janv. 1838 (P. t. 2 1838, p. 403 ; D. 38. 2. 59).

cas à un autre ; et c'est le tribunal seul du domicile du défendeur qui peut statuer sur toutes les actions, quelques différences qu'il y ait dans la nature des opérations intervenues.

227.—Quant à la demande en paiement du solde, il faut distinguer entre le cas où le compte dressé n'a pas été accepté par le défendeur, et celui où il a été accepté.

Si le compte n'a pas été accepté, l'action en paiement du solde appelle le débat, non seulement sur ce solde, mais encore sur les opérations dont il est le résultat. D'où la conséquence qu'il y a lieu d'appliquer les règles de compétence tracées dans le numéro qui précède.

Dès lors, si le solde demandé se trouve être le résultat d'opérations dont peut connaître un même tribunal exceptionnel, l'action peut être portée devant ce tribunal (1). Mais, si le solde est le résultat d'opérations dont la connaissance ne peut appartenir à des tribunaux exceptionnels ou à un même tribunal exceptionnel (2), il faut suivre les règles du droit

______

(1) Bordeaux, 16 mars 1831 (P. 3ᵉ éd. à sa date; D. 32. 2. 15); Montpellier, 15 juin 1833, rapporté avec l'arrêt de rejet 15 juill. 1834 (P. 3ᵉ éd. à sa date).
(2) Bordeaux, 18 avr. 1832 (P. 3ᵉ éd. à sa date ; D. 32. 2. 148).

commun, et le défendeur doit être assigné devant le tribunal de son domicile (1).

Si le compte a été accepté tel qu'il a été présenté, comme le solde, résultat de la confusion et de la balance de tous les articles divers du débit et du cré-dit, constitue alors une créance nouvelle, la de-mande doit en être portée devant le tribunal du do-micile du défendeur.

228. — Enfin, il est à remarquer, au sujet de tout ce qui précède, qu'en cas de faillite de l'une des par-ties, si l'action en réglement de compte ou en paie-ment de solde est formée par les syndics du failli con-tre l'autre partie, il n'y a pas lieu d'appliquer le § 7 de l'art. 59 du Code de procédure civile qui porte qu'en matière de faillite, le défendeur sera assigné devant le juge du domicile du failli. Cette disposition ne s'applique qu'aux actions qui prennent nais-sance dans le fait même de la faillite, qui sont soule-vées à raison de ce fait et qui en sont des conséquen-ces nécessaires. Elle ne s'applique pas au deman-des purement personnelles, indépendantes des opé-rations de la faillite et qui ne sont intentées qu'à son occasion, telles sont les demandes en dressement de

---

(1) Toulouse, 30 juin 1832 (P. 3ᵉ éd. à sa date; D. 34. 2. 111).

compte courant ou en paiement du reliquat (1). Il y aurait donc toujours lieu, en pareil cas, de suivre les règles qui viennent d'être tracées.

229. — Les règles précédentes devraient recevoir leur application, lors même qu'il s'agirait d'un compte courant par suite d'opérations commerciales intervenues entre deux étrangers résidant en France. Car, en matière de contestations relatives à des actes de commerce, les étrangers sont assimilés aux nationaux (2).

230. — Le défendeur peut opposer contre la demande toute espèce de fins de non-recevoir. Telle serait, par exemple, la fin de non-recevoir tirée de ce que le compte aurait déjà été dressé entre les parties et approuvé par le demandeur lui-même.

Mais, pour pouvoir faire rejeter la demande, il faut que la fin de non-recevoir s'applique à tous les objets du compte, de manière que le dressement de ce même compte soit sans utilité. Ainsi, de ce que des créances qui devaient entrer dans le compte courant

---

(1) Douai, 14 fév. 1844 (P. t. 2 1844, p. 403). — V. aussi Bordeaux, 9 janv. 1838 (P. t. 1838, p. 403; D. 38. 2. 59); Nancy, 17 fév. 1844 (P. t. 2 1844, p. 403); Lyon, 3 juill. 1846 (P. t. 2 1846, p. 697).

(2) Paris, 10 nov. 1825 (P. 3ᵉ éd. à sa date; D. 26. 2. 49).

auraient été, dans une action antérieure, rejetées comme non suffisamment justifiées, il ne s'ensuivrait pas que la demande en compte dût elle-même être repoussée comme non-recevable (1).

231. — S'il est démontré que les parties ont été en état de compte courant, le tribunal ordonne qu'il sera procédé au dressement du compte. Et, s'il veut ne pas entrer lui-même dans l'examen d'opérations presque toujours compliquées, il peut nommer un juge commissaire à cet effet (2), ou renvoyer les parties devant un notaire (3).

232. — Le compte est dressé suivant le mode ordinaire du compte courant, c'est-à-dire, non par imputations successives ou par échelette, comme dans les obligations civiles ordinaires, mais d'un seul jet et avec une seule balance (4). — V. *suprà* nos 46 et suiv.

Si, en renvoyant les parties devant un juge commissaire ou devant un notaire, le tribunal ne s'était pas expliqué sur la forme du compte et qu'en-

---

(1) Arg. Rennes, 6 janv. 1821 (P. 3ᵉ éd. à sa date).

(2) Arg. Bruxelles, 21 fév. 1810 (P. 3ᵉ éd. à sa date; D. A. 3. 673).

(3) Limoges, 16 mai 1816, rapporté avec Cass., 10 nov. 1818 (P. 3ᵉ éd. à sa date; D. A. 3. 688).

(4) Cass., 10 nov. 1838 (P. 3ᵉ éd. à sa date; D. A. 3. 688).

suite il y eût contestation à cet égard entre les parties, celles-ci devraient être renvoyées devant le tribunal pour faire résoudre la question; mais, le mode
du compte une fois adopté, les parties devraient
s'y tenir (1).

233. — Chaque article du débit et du crédit est
débattu. Les parties sont tenues de faire, à cet égard,
toutes les justifications nécessaires; elles peuvent
même être contraintes à représenter leurs livres au
besoin (2).

Les articles non justifiés doivent être rejetés.

Si deux articles corrélatifs, portés l'un au débit
et l'autre au crédit, n'étaient établis que par un
même aveu, ils devraient être maintenus ou rejetés
simultanément, attendu que l'aveu est indivisible (3).

Enfin, à l'égard des articles qui sont suffisamment
justifiés, ils doivent nécessairement être pris tous
pour constituer le débit et le crédit; on ne pourrait
prendre les uns et rejeter les autres (4).

---

(1) Ainsi, le mode ordinaire du compte courant ayant été adopté,
le mode par échelette n'est plus proposable par l'une des parties,
et surtout en appel pour la première fois.—Bordeaux, 9 août 1840
(P. t. 2 1840, p. 725).

(2) Cass., 12 flor. an XII (P. 3e éd. à sa date).

(3) Arg. Cass., 8 juin 1842 (P. t. 2 1842, p. 664; D. 42. 1.
365).

(4) Bordeaux, 3 déc. 1827 (P. 3e éd. à sa date; D. 30. 2. 173).

234. — Dans les redditions de compte ordinaires, quand, le compte présenté et affirmé, la recette excède la dépense, l'oyant peut requérir du juge commissaire exécutoire de cet excédant, sans approbation du compte (C. procéd., 535). Cette disposition peut-elle être appliquée dans un compte courant, dont le solde est exigible lors de la clôture? Non. La disposition de l'art. 535 C. proc. est fondée sur ce qu'il n'est pas à présumer que le comptable se déclare ainsi débiteur, s'il ne l'est pas réellement. Cette présomption est admissible dans les comptes de gestion ; car alors le comptable a eu entre les mains tous les élémens nécessaires pour déterminer sa position avec connaissance de cause. Dans le doute, il a dû plutôt abaisser qu'élever le chiffre de sa dette. On conçoit dès-lors qu'il puisse être contraint à payer à l'instant même le chiffre qu'il a fixé, sans qu'il y ait pour cela approbation du compte.—Mais il en est autrement dans le compte courant, lequel se compose d'une comptabilité respective à liquider à raison d'opérations qui ont eu lieu des deux côtés. Le solde ne préjuge, contre celui qui s'en reconnaît débiteur, qu'autant qu'on apprécie les opérations telles qu'il les a appréciées lui-même ; et l'on ne saurait le contraindre à payer ce solde, *sans qu'il y ait approbation du compte,*

tel qu'il l'a dressé pour être amené à se reconnaître débiteur de ce même solde (1).

SECTION III.

Du solde.

SOMMAIRE.

235. *Définition du solde.*

236. *Le solde est immédiatement exigible;*

237. *A moins que le contraire ne résulte de la nature des choses;*

238. *Ou de la volonté des parties.*

239. *Le créditeur peut tirer sur le débiteur.*

240. *Le paiement se fait dans la monnaie au cours
du jour.*

241 *Le solde peut être garanti par une hypothèque.*

242. *Du tribunal compétent pour connaître de la
demande en paiement. Renvoi.*

243 *De la contrainte par corps.*

244. *Les juges peuvent-ils accorder des délais pour
le paiement?*

235.— Le solde du compte courant est la somme

____

(1) Bruxelles, 24 fév. 1810 (P. 3ᵉ éd. à sa date; D. A. 3. 673).

dont une des deux parties se trouve, en définitive, débitrice de l'autre, par suite de la balance du compte, que le compte ait été dressé à l'amiable ou en justice.

236. — Ce solde est immédiatement exigible (n⁰ 205), toutes les fois que le contraire ne résulte pas de la nature des choses ou de la volonté des parties.

237. — D'après la nature des choses, l'exigibilité du solde peut être suspendue, quand, au débit de la partie qui le doit ou au crédit de l'autre, on a porté pour une somme égale ou supérieure et comme encaissées, des valeurs qui ne l'ont pas été réellement, par suite de la non-échéance du terme ou du non-accomplissement de la condition. Comme il peut se faire que l'encaissement ne se réalise pas, la partie n'est débitrice du solde qu'éventuellement. Il est donc juste qu'elle puisse ne pas être contrainte à le payer, jusqu'à ce qu'il y ait eu encaissement réel.

Ce que nous disons ici, pour la totalité du solde, s'applique évidemment à une partie seulement, si les valeurs éventuelles en question ne s'élèvent qu'à un chiffre égal à cette même partie.

238. — L'exigibilité du solde cesse par la volonté des parties, quand celles-ci, au lieu de clore définiti-

vement leur compte, ne font que le clore partielle-
ment, avec le dessein de continuer leurs opérations.
Alors ce solde forme un nouveau capital, sous le nom
de *solde à nouveau*, qui est porté au débit de celui qui devait le payer, ou au crédit de celui à qui il
devait être payé. Ce nouveau capital, comme tous les
autres articles des opérations ultérieures, n'est plus
exigible qu'à l'époque de la nouvelle clôture partielle ou de la clôture définitive. De plus, ce nouveau capital a le caractère essentiel des autres articles du compte courant, c'est-à-dire, qu'il constitue
un véritable prêt. En effet, la fixation d'une époque
ultérieure de paiement, pour une somme actuellement exigible, est la même chose que si le créancier
prêtait actuellement la somme au débiteur, pour en
être remboursé à l'époque déterminée.

239. — Lorsque le solde est définitivement exigible, le devoir de celui qui le doit est de couvrir son
correspondant par des remises suffisantes pour acquitter la dette. Si le débiteur est en retard, l'usage
a consacré en faveur du créancier le droit de tirer
sur lui (1).

240. — L'époque de l'exigiblité du solde déter-

----

(1) Arg. Cass., 22 vent. an XII (P. 3ᵉ éd. à sa date).

mine nécessairement en quelle monnaie il peut être payé. C'est la monnaie au cours du jour. De sorte que, si cette monnaie consistait alors en papier-monnaie, le créancier ne peut réclamer le paiement qu'en papier-monnaie, au jour de l'exigibilité et malgré la dépréciation ultérieure de ce même papier, quand le débiteur a mis à cette époque les fonds à sa disposition (1).

241. — Le paiement du solde peut être garanti par une hypothèque constituée au moment même de l'ouverture du compte courant. En effet, deux individus qui se mettent en compte courant contractent, par cela même, l'obligation d'en payer le solde, si solde il y a, lors de la balance du compte. Cette obligation actuelle de payer un solde éventuel peut donc être garantie par une hypothèque (2), dont l'importance est subordonnée à l'existence et à la quotité du solde. Il y a même raison de décider qu'au sujet de l'hypothèque constituée pour sûreté d'un crédit ouvert, et qu'une jurisprudence presque unanime reconnaît prendre date du jour même de sa constitution, ou

---

(1) L. 16 niv. an VI, art. 22 ; Cass., 2 thermid. an X; 8 germin. an XI et 3 mars 1806 (P. 3ᵉ éd. à leur date ; D. A. 11. 136 et 3. 592. 698).

(2) Rouen, 24 avr. 1812 P. 3ᵉ éd. à sa date; D. 9. 218).

plutôt du jour de l'inscription, et non du jour de la réalisation du crédit (1).

Bien qu'il n'y ait qu'une seule des deux parties qui doive être débitrice du solde, il pourrait y avoir hypothèque consentie des deux côtés. Car on ne sait, au moment de l'ouverture du compte, qui, par la suite des opérations, sera en définitive créancier ou débiteur. Le réglement, qui constituera l'une des deux parties créancière de l'autre, aura pour effet de faire évanouir l'hypothèque qu'elle avait donnée pour sûreté d'une obligation devenue sans objet. (C. civ., 2180-1°.)

242. — Quant au tribunal compétent pour connaître de la demande en paiement de solde, il ne peut y avoir de question possible que dans le cas où le compte courant n'est pas dressé en justice. Car, dans ce dernier cas, les juges qui prononcent sur les opérations du compte, condamnent nécessairement au paiement du solde celui qui en a été reconnu débiteur.

Relativement au compte non dressé en justice, voyez ce que nous avons dit *suprà* n° 227.

---

(1) V. en dernier lieu, dans ce sens, Poitiers, 9 janv. 1844 (P. t. 2 1845, p. 17; D. 44. 2. 58); Colmar, 21 mai 1844 (P. t. 2 1844, 471).

243. — La contrainte par corps peut-elle être prononcée pour des condamnations par suite de compte courant ?

S'il s'agit de condamnations individuelles, relativement à des articles du compte, il ne saurait y avoir de difficulté. La contrainte par corps pourra et devra être prononcée, toutes les fois que la nature de l'opération le permet.

Quant à la condamnation au paiement du solde, il faut distinguer entre le cas où ce solde a été accepté par suite d'un compte dressé à l'amiable, et le cas où le solde non accepté est le résultat du dressement du compte en justice.

Dans le premier cas, tous les articles du compte se trouvant confondus, on ne saurait plus avoir égard à leur nature particulière pour décider si la contrainte par corps est ou non applicable. Le solde est une dette nouvelle, pour laquelle la contrainte par corps ne peut être prononcée qu'autant que la dette est commerciale ; à cet égard il y a présomption légale qu'il en est ainsi, quand le débiteur est commerçant. (Arg. C. comm., 638).

Quand, au lieu d'avoir été accepté à l'amiable, le solde résulte du dressement du compte en justice, il ne constitue pas une dette nouvelle, il n'est que la différence entre les articles du débit et les articles du crédit, c'est-à-dire, que la condamnation au paiement du solde n'est que la condamnation au paiement de chacun des articles du débit, sur lesquels on a fait la déduction des articles du crédit. Chacun de ces articles du débit a conservé sa nature propre, c'est-à-dire qu'il est resté dette commerciale ou non commerciale donnant lieu ou non à la contrainte par corps. Or, comme il est de l'intérêt du débiteur de se libérer d'abord de la dette la plus onéreuse(C. civ., 1256) et par conséquent des dettes commerciales qui entraînent la contrainte par corps, il s'ensuit que l'imputation des articles du crédit devra se faire, d'abord sur les dettes commerciales et ensuite sur les autres. Ce n'est donc qu'autant qu'il restera des dettes commerciales entrant dans la composition du solde, et pour le montant de ces seules dettes commercia-les, que la contrainte par corps pourra être prononcée (1), pourvu toutefois qu'il s'agisse d'une somme de 200 francs et au dessus (2).

244. — Les distinctions qu'on vient de voir, dans le numéro précédent, doivent aider à résoudre la

-----

(1) Arg. Metz, 22 juin 1849 (P. 3e éd. à sa date); Cass., 4 juin 1832 (P. 3e éd. à sa date; D. 32. 1. 339).

(2) L. 17 avr. 1832, art. 1er.

question de savoir si les juges peuvent, en considération de la position du débiteur, lui accorder des délais pour le paiement du solde, par application de l'art. 1244 du Code civil.

La raison de douter est tirée de ce que les comptes courans ont ordinairement pour élémens des négociations d'effets de commerce, et que le Code de commerce ne permet aux juges d'accorder aucun délai pour le paiement des lettres de change et billets à ordre, quand ce paiement est demandé, soit par le porteur (art. 157), soit par celui qui, l'ayant payé par intervention, se trouve subrogé à ses droits (art. 159).

On répond, relativement aux opérations individuelles du compte courant :

1º Que les articles précités du Code de commerce sont uniquement applicables aux lettres de change et aux billets à ordre ; qu'ils ne le sont pas aux autres engagemens commerciaux et à plus forte raison aux opérations civiles qui peuvent entrer en compte courant ;

2º Qu'il ne faut pas perdre de vue que la condamnation doit avoir pour objet une opération de change ; mais que les dispositions exceptionnelles du contrat de change ne sauraient être appliquées au sujet de valeurs réalisées au moyen d'effets de commerce et devenues ensuite l'objet de prêts, ou au sujet des recours de mandataire à mandant, et réciproquement, par suite de non-réalisation de ces mêmes valeurs.

Quant aux condamnations en paiement du solde, il faut distinguer entre le cas où le solde non accepté est le résultat d'un compte dressé en justice, et le cas où ce solde a été accepté par l'autre partie par suite de dressement du compte à l'amiable.

Dans le premier cas, il y a lieu d'appliquer le raisonnement présenté, dans le numéro précédent, relativement aux dettes commerciales. Aucun délai ne pourra être accordé pour celles des dettes qui, résultant d'opérations de change, se trouveront entrer dans la composition du solde. Mais l'imputation des articles du crédit aura dû se faire d'abord sur ces dettes, comme plus onéreuses que les autres. (C. civ., 1256.)

Dans le second cas, c'est-à-dire, en cas d'acceptation du solde par l'autre partie, comme ce solde n'est pas le reliquat du montant de tel ou tel effet de commerce; comme il est résultat de la confusion du montant des articles du débit, diminué du montant des articles du crédit; comme il constitue alors une dette nouvelle, il faut rentrer dans les termes du droit commun, et appliquer, s'il y a lieu, l'art. 1244 du Code civil (1).

---

(1) Bourges, 6 juin 1840 (P. t. 2 1841, p. 126) ; Cass., 20 déc. 1842 (P. t. 1ᵉʳ 1843, p. 316 ; D. 43. 1. 22).

CHAPITRE VI.

DE LA RECTIFICATION DU COMPTE COURANT.

SOMMAIRE.

245. Le compte accepté ou dressé en justice n'est plus sujet à révision ;

246. Mais il peut être redressé pour erreurs, omissions, faux ou doubles emplois.

247. Preuves à faire dans ces derniers cas.

248. Le compte peut encore être rectifié en cas d'usure.

249. Par qui la demande en rectification peut être formée.

250. Devant quels juges elle doit être portée.

251. Procédure à suivre.

245. — Tant que les parties, en état de compte courant, n'ont point balancé réciproquement leur compte, ou bien que le compte présenté par l'une n'a pas été accepté par l'autre ou dressé en justice, tout est encore en question relativement à l'allocation ou au rejet des articles.

Mais, quand une fois le compte a été accepté par les deux parties ou dressé en justice, et que le solde a été reconnu en faveur de l'une ou de l'autre des parties, tous les articles sont censés avoir été l'objet d'un examen réciproque. Ils ne peuvent donc plus être remis en question et soumis à une révision ultérieure (arg. C. procéd., 541). Ainsi, une partie ne serait plus recevable à vouloir prouver qu'un article du compte n'était pas dû.

Elle ne serait admise à le faire, qu'autant que, le compte ayant été dressé en justice, elle demanderait à des juges supérieurs la réformation d'une décision qui n'aurait pas encore acquis l'autorité de la chose jugé (1).

La preuve que le compte a été définitivement réglé entre les parties, résulte ordinairement de la mention *pour solde* qui est apposée au bas ; toutefois cette mention n'est pas absolument nécessaire (2).

246.—Mais, si le compte, une fois clos, n'est plus sujet à révision, il peut donner lieu à un redressement, en cas d'erreurs, d'omissions, faux ou doubles

---

(1) Arg. Bourges, 10 août 1831 (P. 3e éd. à sa date ; D. 33. 2. 101).

(2) Arg. Nancy, 2 mai 1826 (P. 3e éd. à sa date ; D. 26. 2. 231).

emplois (1) (C. procéd. 541), c'est-à-dire, pour toutes les inexactitudes qui sont le résultat de l'inadvertance.

Il y a *erreur*, si, par exemple, après avoir indiqué la vente d'une certaine quantité de marchandises à raison de tant, on s'est trompé dans les calculs.

... *Faux emploi*, quand on a porté au débit des articles qui devaient être portés au crédit et réciproquement, ou encore quand on a porté en compte courant des articles qui devaient figurer dans un compte de gestion ou de commission, etc.

... *Double emploi*, si une même somme est portée deux fois au débit, ou deux fois au crédit, ou encore si l'on faisait figurer dans un nouveau compte courant un article qui avait été compris dans l'ancien.

... Enfin *omission*, si l'on n'a pas porté dans le compte une somme qui aurait dû y être portée.

247. — Pour les trois premières causes de rectification, la demande est facile à justifier. Il suffit, en quelque sorte, de la représentation des comptes ou des comptes précédens.

Mais, pour la quatrième, c'est-à-dire, pour les omis-

---

(1) Cass., 12 janv. 1818 (P. 3ᵉ éd. à sa date; D. A. 3. 682).

sions, c'est nécessairement en dehors du compte courant qu'il faut chercher la preuve que des sommes omises auraient dû y figurer.

Cette preuve peut se faire par toute espèce de moyens, et il est laissé au pouvoir des juges d'en apprécier les élémens.

Ainsi, on a décidé que la lettre, par laquelle un individu, en compte courant avec un banquier, le chargeait de payer des tiers avec les fonds qu'il lui avait remis, faisait preuve que les fonds avaient été en effet reçus par le banquier, bien qu'il n'en existât aucune mention sur ses livres, alors que les tiers avaient été payés par le banquier, et que la lettre en question, conservée par celui-ci, avait été ultérieurement retrouvée inventoriée parmi les papiers de sa liquidation (1).

248. — Il y a encore exception au principe que le compte courant, une fois clos, n'est plus sujet à révision, c'est lorsqu'il contient des stipulations faites en fraude de la loi, par exemple, des stipulations usuraires.

Ainsi, nonobstant tous réglemens, on pourrait demander la rectification du compte, s'il renfermait

____

(1) Grenoble, 15 juill. 1844 (P. t. 1er 1845, p. 124).

la stipulation d'un droit de commission au delà de celui qui est alloué par l'usage (1), ou d'intérêts au-dessus du taux légal (2).

Toutefois, la rectification ne devrait porter que sur les articles incriminés, et il n'y aurait pas lieu de remettre en question aucune des autres opérations du compte.

249. — La demande en rectification, quand elle est admissible, peut être formée par chacune des parties ; elle peut l'être aussi par leurs créanciers comme exerçant leurs droits (C. civ., 1166) ; et par conséquent par ceux qui peuvent agir au nom des parties et de leurs créanciers, par exemple, par les syndics de leur faillite (3).

250. — A défaut de rectification amiable, la demande doit être portée devant les mêmes juges que ceux qui ont été saisis de la demande en dressement du compte. (C. procéd., 541.)

Si le compte n'avait pas été dressé en justice, il faudrait suivre les règles de compétence que nous avons indiquées ci-dessus. (V. nᵒ 223 et suiv.)

---

(1) Grenoble, 31 août 1839, rapporté avec Cass., 14 juill. 1840 (P. t. 2 1840, p. 487; D. 40. 2. 221 et 1. 186).
(2) Orléans, 21 août 1840 (P. t. 2 1840, p. 543).
(3) Colmar, 11 mai 1842 (P. t. 1ᵉʳ 1843, p. 8 ; D. 45. 1. 314).

251. — Le tribunal fait droit sur les erreurs, omissions, faux ou doubles emplois signalés.

Si les rectifications ordonnées devaient entraîner des changemens dans les élémens du compte, le tribunal pourrait commettre un juge commissaire pour y procéder. On l'a décidé ainsi, au sujet des rectifications d'erreurs commises dans un compte général composé de divers comptes particuliers. Au lieu de distraire du compte général le montant des erreurs signalées, le tribunal avait chargé un juge commissaire de redresser ces erreurs dans chaque compte particulier. La cour de Cassation a reconnu qu'une pareille mesure avait pu être prescrite, puisqu'elle ne constituait pas une révision du compte, mais une simple rectification d'erreurs (1).

____

(1) Cass., 19 fév. 1834 (P. 3ᵉ éd. à sa date ; D. 34. 1. 103).

CHAPITRE VII.

DE LA PRESCRIPTION.

SOMMAIRE.

252. — En matière de compte courant, la prescription peut avoir pour objet : 1⁰ la demande en réglement du compte ; 2⁰ les articles passés ou à passer en compte courant ; 3⁰ le paiement du solde ; 4⁰ enfin la rectification d'un compte arrêté.

253. — Lorsqu'une partie forme contre son correspondant une demande en réglement du compte courant, elle se fonde nécessairement sur ce que celui-ci a encaissé pour elle des sommes dont il a eu la disposition jusqu'à un certain temps. Ainsi, cette action est une action en reddition de compte de prêt et de mandat, et ces actions, comme toutes les actions personnelles, se prescrivent par trente ans, (**C. civ.** 2262) (1).

Ces trente ans courent du jour de la dernière opération du compte courant.

254.—Relativement aux articles du compte courant, la prescription peut être invoquée, quand, les parties procédant au réglement du compte, la partie débitrice prétend que ces articles ne doivent pas figurer à son débit, parce que toute action est éteinte contre elle.

Il faut distinguer, à cet égard, entre les articles passés et ceux à passer dans le compte courant. Par les premiers, nous entendons les articles sur lesquels il y a eu consentement réciproque, de la part des parties, pour les faire entrer dans le compte ; et par

---

(1) Arg., Cass., 29 juill. 1828 (P. 3ᵉ éd. à sa date ; D. 28. 1. 359), et Cass., 14 mai 1829 (P. 3ᵉ éd. à sa date ; D. 34. 1. 402).

les seconds, ceux sur lesquels ce même consentement n'est point encore intervenu, bien que les articles aient été énoncés dans les écritures.

Pour les articles passés en compte courant, c'est-à-dire, acceptés respectivement par les parties, comme une pareille passation emporte novation, (n° 53), il s'ensuit que l'ancien titre est éteint et remplacé par le seul titre résultant du compte courant. Aucune prescription particulière n'étant établie à cet égard, on reste sous l'empire de la loi commune, et la prescription à appliquer est celle de trente ans.

Quant aux articles à passer en compte courant, bien qu'énoncés dans les écritures, c'est-à-dire, aux articles qui n'ont point encore été respectivement acceptés par les parties, il y a lieu d'appliquer la prescription particulière à l'action dont chaque article peut être l'objet.

Ainsi la prescription de cinq ans pourrait être opposée à la partie qui, n'ayant pas été payée d'une lettre de change reçue de son correspondant, voudrait en porter le montant au débit de celui-ci. (C. comm., 189.)

Ainsi encore, entre deux correspondans commissionnaires, la prescription de six mois pourrait être invoquée pour faire rejeter les articles valeur en frais d'expertise pour constater les vices des marchandises expédiées, si le destinataire n'avait réclamé en temps utile. (C. comm., 108.)

Au contraire, aucune prescription ne pourrait être opposée par la partie, relativement aux articles qu'il serait constant qu'elle a encore entre les mains à titre de dépôt fait par l'autre. (C civ., 2236,)

255. — Les mêmes distinctions sont à faire relativement à la prescription des intérêts ; il faut leur appliquer la prescription particulière dont la loi les frappe, eu égard à la nature du titre.

Ainsi, s'agit-il d'intérêts échus, passés et acceptés en compte courant, comme ils constituent alors de véritables capitaux, ils ne sont prescriptibles que par trente ans.

Mais, s'il s'agit des intérêts d'articles passés et acceptés en compte courant, ou d'articles dont le compte courant renferme seul la preuve (1), ils sont prescriptibles par cinq ans. En effet, il s'agit là d'intérêts de sommes prêtées ; de plus, ces mêmes intérêts étaient payables par année ou à des termes périodiques plus courts (C. civ., 2277), au moyen du

---

(1) Bordeaux, 28 août 1831, rapporté avec Cass., 6 nov. 1832 (P. 3° éd. à sa date ; D. 33. 1. 42).

règlement du compte qu'il est dans l'usage de faire tous les ans et même à des époques plus rapprochées.

Les intérêts des articles en dehors du compte courant restent soumis à la prescription particulière qui leur est applicable d'après la nature du titre. Ainsi, s'il s'agissait de sommes déboursées par une des parties pour acquitter à la décharge de l'autre des billets en souffrance, et que ces sommes n'aient pas dû être portées en compte courant, les intérêts ne seraient prescriptibles que par trente ans (1).

256. — Pour la prescription du solde, il faut distinguer s'il s'agit de la demande formée par l'une des deux parties qui, après avoir dressé le compte, réclame de l'autre le paiement du solde, ou bien s'il s'agit de la demande en paiement du solde d'un compte réglé à l'amiable ou en justice.

Dans le premier cas, bien qu'on formule une demande en paiement du solde, tout est encore en question. Il s'agit en réalité du compte à dresser et à débattre. Il y a lieu dès-lors d'appliquer ce que nous disions *suprà* (n° 254), relativement aux prescriptions particulières dont peut être frappé chacun des articles du compte.

____

(1) Paris, 18 mai 1825 (P. 3ᵉ éd. à sa date; D. 26. 2. 75).

Dans le second cas, c'est-à-dire, lorsque le solde a été définitivement fixé à l'amiable ou en justice, la prescription de trente ans est seule applicable. En effet, quelles qu'aient été les sommes qui ont servi à composer le solde, de quelque prescription particulière qu'elles pouvaient être atteintes (1), ces sommes ont été confondues par l'effet du règlement ; pour le débiteur du solde, une nouvelle dette s'est trouvée substituée à l'ancienne ; dès-lors cette dette est soumise à la prescription ordinaire de trente ans, laquelle court du jour de la fixation du solde.

257. — Quant aux intérêts du solde, ils sont prescriptibles par cinq ans, puisque ce solde n'est que la différence de sommes respectivement prêtées (C. civ., 2227) ; et ces cinq années ne commencent à courir que du jour du règlement définitif (2).

258. — Enfin la demande en rectification du compte pour erreurs, omissions, faux ou doubles emplois (3), ou pour cause d'usure (4), doit suivre la règle générale et se prescrire par trente ans.

----

(1) Rouen, 10 nov. 1817 (P. 3ᵉ éd. à sa date; D. 17. 2. 150).
(2) Cass., 12 déc. 1838 (P. t. 1ᵉʳ 1839, p. 495; D. 39. 1. 124).
(3) Toullier, *Droit civil*, t. 2, nᵒ 1277.
(4) M. Troplong, *Prescription*, nᵒ 132.

TABLE ANALYTIQUE

DES MATIÈRES.

NOTA. — Les chiffres indiquent les numéros de l'ouvrage.

ERRATUM.

Page 9, Note, ligne 1re, *au lieu de* 673, *lisez* 715.

   83, ligne 13, *au lieu de* soitropriétaire, *lisez* soit propriétaire.

   166, lignes 3 et 4, *au lieu de* demandeur, *lisez* défendeur.

FIN.

Imprimerie de LANGE-LÉVY et Cᵉ, rue du Croissant, 16.

www.ingramcontent.com/pod-product-compliance
Ingram Content Group UK Ltd.
Pitfield, Milton Keynes, MK11 3LW, UK
UKHW020156130726
13696UKWH00002B/543